•FONTANA•

LYMAN FRANK BAUM

EL MARAVILLOSO MAGO DE OZ

TRADUCCIÓN:
YENIS OCHOA

PRÓLOGO Y PRESENTACIÓN:
FRANCESC LL. CARDONA,
Doctor en Historia y Catedrático

BookTrade

EL MARAVILLOSO MAGO DE OZ,
Lyman Frank Baum

Prólogo / Presentación: Francesc Lluis Cardona
Traducción: Yenis Ochoa
Ilustraciones: W. W. Denslow
Diseño gráfico / Ilustración portada: Daniel Jurado
Ilustración en portada basada en una ilustración original de W. W. Denslow, 1900.

Edita: Olmak Trade S.L.
C/ Roca Plana 1
08110 - Montcada i Reixac
Barcelona (España)

www.olmaktrade.com
info@olmaktrade.com

@O_BookTrade
#ClásicosFontana

Impreso en España / Printed in Spain

I.S.B.N: 978-84-10109-50-6
Depósito Legal: B 10083-2024

Estudio preliminar

El autor

Lyman Frank Baum nació en Chittemango (Madison, Estado de Nueva York) en 1856 y falleció en Hollywood en 1919. Dedicado al periodismo, su fama le llegó como narrador norteamericano en *Father Goose* (1880) y, sobre todo, con la serie de libros sobre la fantástica tierra de Oz que inició en 1907 y que comprenden catorce libros auténticos best-seller, algo parecido en la actualidad a la serie *Harry Potter* (protagonizada por un mago) de la inglesa J. K. Rowling. Publicó también otros libros para niños con diversos pseudónimos.

El maravilloso Mago de Oz

El argumento se basa en un serio y delicioso cuento de hadas, dando vida a unos Estados Unidos ideales de tipo agrícola y posee diferencias notables con la película, aunque ésta fue la que popularizó la obra, suprimiendo diversas aventuras.

La adaptación cinematográfica se estrenó en 1939, dirigida primero por Victor Fleming y, cuando éste pasó a dirigir *Lo que el viento se llevó*, por King Vidor. La película, protagonizada por Judy Garland y Mickey Rooney, tuvo en principio una relativa acogida en su estreno comercial, pero pronto la consagración fue un hecho y consagró a un autor incluso hasta ahora desconocido en España.

El libro da mucha importancia a los colores. Primero gris (Kansas), después azul y en la Ciudad Esmeralda, todo verde. En la "Ciudad de Porcelana", colores muy vivos, etc...

Los zapatos rojos brillantes de Dorotty, la protagonista en la película, son en la obra plateados.

Tanto el libro publicado en Chicago en 1900 por M. Hill como la película están recomendados para pequeños y grandes porque todos necesitamos un poco de fantasía en nuestra vida. Las ilustraciones del libro corrieron a cargo de W. W. Denslow.

Es el primero libro de cuentos plenamente norteamericano con paisajes de E.U.A. y no europeos que ha dado lugar a muchas secuelas, precuelas e historias y a un intento fallido de interpretaciones.

La película estaba planeada para que la protagonizara Shirley Temple, la niña prodigio y fuente de ingresos de la Fox, pero estos estudios se negaron a prestar a la Metro a su "niña de oro" y el resultado fue venturoso para la historia del cine pues Garland colocada de repente en el compromiso de aparecer más infantil de lo que era en realidad, reveló unas cualidades de frescor, emotividad y dinamismo, impensables así como de cantante interpretando maravillosamente *Over the rainbow* (*Sobre el arco iris*).

La obra exalta los valores de ternura, valor y lealtad al igual que la película con el espantapájaros, el león y el hombre de hojalata, todos en busca del Mago de Oz para que les dé un corazón para poder amar, una medalla que insufle valentía y un cerebro pensante.

El *Mago de Oz* musical a semejanza con la *Mujer de mis sueños* hitleriana y otros tantos musicales intentaban alejar de las conciencias y distraer el cataclismo que estaba a punto de abatirse sobre la doliente humanidad. El argumento es tenido como un camino de iniciación, una odisea, la búsqueda del Dorado y la vuelta a Itaca porque en definitiva *"there is not place like home"* ("Como en casa en ningún sitio").

Tanto en la obra como en la película, el tornado (tan frecuentes en los E.U.A.) desencadena la acción y el torbellino llevan a la protagonista y a su mascota Toto a una especie de "país de nunca jamás", en donde imperan dos brujas antagónicas. Maniqueísmo dualista del Bien y del Mal. El cambio del blanco y negro por el color es, naturalmente, más efectivo en el cine. Y su caminar por el bosque temerosos de encontrar "leones, tigres, panteras"...

¿Y el "montaje" de la residencia del Mago de Oz? Extraordinario, como no tiene nada de extraordinario él. Un hombre como los demás al fin y al cabo, pero un terapeuta que sana las enfermedades.

Por cierto que en España, estando entonces en el candelero Walt Disney, no faltaba quien, ignorante, llegaba a atribuir al Mago a su factoría...

Para quien no la conozca, es bueno y entretenido leer la obra y para quien no haya visto la película, visionarla en vídeo o en algún cine de estos que reponen viejas gloras con subtítulos y en versión original.

El relato del *Mago de Oz* es pura fantasía de un mundo infantil o juvenil que los mayores leyeron o visionaron con encanto. No hay mensaje subliminal escabroso u oculto como pudiera haber en *Alicia en el País de las Maravillas* o *A través del espejo*, es un cuento y nada más, con la moraleja del retorno feliz al hogar y el cumplimiento de los deseos de los acompañantes de Dorotty. No es una obra de debate como *Las aventuras de Huckleberry Finn* de Mark

Twain, es simplemente un cuento infantil con brujas y un aparatoso mago incluído, en el que un elemento natural más aparatoso de los normales, si se quiere, desencadena la acción. Es un regreso final al hogar, del que se ha salido muy a pesar suyo.

Francesc Lluis Cardona

EL MARAVILLOSO MAGO DE

L. Frank Baum

Introducción a la primera edición de 1900

Las tradiciones folclóricas, las leyendas, los mitos y los cuentos de hadas han acompañado a la infancia en todas las épocas, porque cualquier niño sano siente un afecto instintivo por los relatos fantásticos, maravillosos o irreales. Los seres alados de Grimm y de Andersen han llevado más alegría a los corazones infantiles que cualquier otra creación humana.

Sin embargo, el cuento de hadas de los viejos tiempos, tras haber cumplido su papel durante generaciones, en la actualidad podría clasificarse en el apartado de «temas históricos» en las bibliotecas infantiles. Ha llegado el momento para un nuevo repertorio de «cuentos maravillosos», en los que se eliminan los estereotipos del genio, el enano y el hada, así como todos los acontecimientos horribles y espeluznantes que inventaron sus autores para poder derivar una moraleja temible y espantosa. La educación moderna incluye la formación moral; por lo tanto, el niño actual solo busca entretenimiento en los «cuentos maravillosos» y descarta con mucho gusto de cualquier incidente desagradable.

Con este pensamiento en mente escribí *El Mago de Oz*, con la sola finalidad de complacer a los niños de hoy. Confía en ser un cuento de hadas modernizado, en el que se mantienen la alegría y la fantasía y se suprimen las penas y las pesadillas.

L. FRANK BAUM
Chicago, abril de 1900

Este libro está dedicado a mi mejor amiga
y compañera, mi mujer.

L. FRANK BAUM

EL CICLÓN

Dorothy vivía en medio de las grandes praderas de Kansas, con tío Henry, que era granjero, y tía Em, esposa de este. Su casa era pequeña, y fue suficiente traer la madera en carro para construirla, desde muy lejos. Únicamente contaba cuatro paredes, un piso y un techo, que componían una habitación; y esta habitación contenía una oxidada estufa para cocinar, una alacena para los platos, una mesa, tres o cuatro sillas, y las camas. Tío Henry y tía Em tenían una gran cama en una esquina y Dorothy una camita en otra. No tenía desván, ni sótano, solamente un pequeño agujero excavado en el suelo, llamado sótano para ciclones, en donde la familia podía meterse en caso de que se produjese uno de esos grandes remolinos de viento, lo bastante fuerte como para aplastar cualquier edificio que se interpusiera en su camino. En medio del piso había una trampa, y desde allí una escalera bajaba hasta el agujero pequeño y oscuro.

Cuando Dorothy se sentaba en el umbral y miraba en derredor, no podía ver nada sino la gran pradera gris por todos lados. Ni un árbol, ni una casa interrumpían la amplia extensión de campo llano que llegaba hasta el borde del cielo en todas las direcciones. El sol había recocido la tierra arada dejándola como una masa gris recorrida por pequeñas grietas. Ni siquiera la hierba era verde, porque el sol había quemado las puntas de sus largas hojas hasta que habían adquirido el mismo color grisáceo que se veía por doquier. La casa había sido pintada alguna vez, pero el sol requemó la pintura y las lluvias la lavaron, por lo que ahora era opaca y gris como todo lo demás.

Cuando tía Em se había mudado a vivir allí era una esposa joven, bonita. El sol y el viento la habían transformado también. Habían quitado la chispa de sus ojos, dejándolos de un gris sereno; se habían llevado el rojo de sus labios y mejillas, que eran asimismo grises. Era delgada, flaca, y ya no se reía nunca. Cuando Dorothy, que era huérfana, llegó por primera vez a esa casa, tía Em se había sorprendido tanto con la risa de la niña, que chillaba y apretaba las manos sobre su corazón cada vez que la regocijada voz de Dorothy llegaba a sus oídos; y todavía miraba a la niña, asombrada de que encontrase de qué reírse.

El tío Henry no reía jamás. Trabajaba duramente desde la mañana hasta la noche y no conocía la alegría. Era también gris, desde su larga barba hasta sus toscas botas; tenía un aspecto severo y solemne, era raro oírle hablar.

Era Toto quien hacía reír a Dorothy y la libraba de volverse tan gris como lo demás que la rodeaba. Toto no era gris; era un perrillo negro, de pelo largo y sedoso y ojillos negros que parpadeaban alegres a cada lado de su nariz graciosa y pequeñita. Toto jugaba todo el día, y Dorothy jugaba con él y lo quería muchísimo.

Pero hoy no estaban jugando. Tío Henry estaba sentado sobre el umbral y miraba, preocupado, el cielo que estaba más gris que de ordinario. Dorothy se puso de pie junto a la puerta con Toto en los brazos, miró también hacia el cielo. Tía Em estaba lavando los platos.

Desde lejos, hacia el norte, escucharon un ronco gemido del viento, y tío Henry y Dorothy pudieron ver cómo las largas hojas de hierba se inclinaban en algunos lugares, como olas ante la tempestad que venía. Oyeron luego un agudo silbido proveniente del sur, y al volver los ojos vieron que en la pradera también se formaban olas por el viento que venía desde esa dirección.

De repente, tío Henry se levantó.

—Se acerca un ciclón, Em —gritó a su mujer—. Iré a mirar el ganado —luego corrió hacia los cobertizos en donde se guardaban las vacas y los caballos.

Tía Em dejó de limpiar la vajilla y se asomó a la puerta. Una mirada le advirtió la cercanía del peligro.

—¡Rápido, Dorothy! —chilló—. ¡Corre al sótano!

Toto saltó desde los brazos de Dorothy y se escondió bajo la cama, y la niña corrió a buscarlo. Tía Em, muy asustada, abrió de golpe la trampilla del sótano y bajó por la escalera hacia el pequeño y oscuro agujero. Dorothy agarró por fin a Toto y se dispuso a seguir a su tía. Cuando iba a medio camino por la habitación, el viento aulló agudamente y la casa se estremeció de tal manera que la hizo dar traspié y caer sentada sobre el piso.

Entonces sucedió algo extraño.

La casa giró dos o tres veces como un trompo, y se elevó lentamente en el aire. A Dorothy le pareció estar subiendo en globo.

Los vientos norte y sur se encontraron en donde se alzaba la casa, y la convirtieron justo en el centro del huracán. En medio de un huracán el aire suele estar en calma, pero la gran presión del viento sobre cada uno de los costados de la casa elevó más y más esta, hasta que llegó a la cima misma del ciclón; y allí permaneció y fue llevada a kilómetros y kilómetros de distancia, como si hubiese sido una pluma.

Estaba muy oscuro, y el viento aullaba horriblemente a su alrededor, pero Dorothy descubrió que el viaje era bastante suave. Después de las primeras vueltas que dio la casa, y otra vez que se inclinó de mala manera, le pareció que la mecían dulcemente, como a un niño en la cuna.

A Toto no le gustó el asunto. Corría por la habitación, por aquí y por allá, ladrando con estrépito; pero Dorothy se sentó muy tranquila en el suelo y esperó a ver qué sucedía.

En cierto momento, Toto se acercó demasiado a la trampilla, y cayó por ella; y al principio la niña creyó haberlo perdido. Pero pronto vio una de sus orejas sobresaliendo del agujero, pues la fuerte presión del aire lo mantenía suspendido, de manera que no podía caer. Dorothy gateó hasta el agujero, agarró a Toto por la oreja y lo arrastró de vuelta a la habitación, cerrando luego la trampilla para que no pudiesen ocurrir nuevos accidentes.

Pasó una hora tras otra y, lentamente, Dorothy se sobrepuso a su temor; pero se sentía muy sola, y el viento chillaba tan agudamente que casi quedó sorda. Al comienzo pensó si se haría pedazos la casa cuando volviese a caer; pero conforme pasaban las horas y no sucedía nada espantoso, dejó de preocuparse y resolvió esperar con calma y ver qué le disponía el futuro. Finalmente gateó sobre el suelo oscilante hasta su cama y se echó en ella. Toto la siguió y se tendió a su lado.

A pesar del bamboleo de la casa y del gemir del viento, Dorothy cerró pronto los ojos y se durmió profundamente.

ENCUENTRO CON LOS MUNCHKINS

La despertó un choque, tan súbito y violento, que si Dorothy no hubiese estado tumbada sobre la blanda cama podría haberse hecho daño. El hecho es que el estremecimiento le hizo perder el aliento y preguntarse qué había pasado. Toto le puso su fría naricilla contra el rostro y gimoteó aterrado. Dorothy se sentó y advirtió que la casa ya no se movía; ni tampoco estaba oscuro porque por la ventana entraba un sol radiante, iluminando el cuartucho. Saltó de la cama, y con Toto pegado a sus talones, corrió y abrió la puerta.

La niña dio un grito de asombro y miró alrededor, con los ojos más y más abiertos ante las asombrosas visiones que se le ofrecían.

El ciclón había asentado la casa, muy suavemente para tratarse de un ciclón, en medio de un paraje de maravillosa belleza. Había por todas partes manchones de césped, con imponentes árboles cargados de frutos apetecibles y exquisitos. Por donde se mirara, había hileras de espléndidas flores, y pájaros de raro y brillante plumaje cantaban y revoloteaban entre árboles y matas. Un poco más allá había un arroyuelo, deslizándose rápido y deslumbrante entre verdes ribazos, murmurando con voz adorabilísima para una muchachita que había vivido tanto tiempo en las secas y grises praderas.

Mientras estaba allí de pie, mirando ávidamente el extraño y hermoso paisaje, observó que se le aproximaba un grupo de la gente más rara que jamás había visto. No eran tan grandes como la gente a que siempre había estado acostumbrada pero tampoco eran muy pequeños. De hecho, parecían tener la estatura de Dorothy, que era crecida para su edad, pero eran, a juzgar por su aspecto, mucho mayores que ella.

Eran tres hombres y una mujer, y vestían todos con extravagancia. Llevaban sombreros esféricos que terminaban en una punta aguda treinta centímetros por encima de sus cabezas, con unas campanillas en las alas, que sonaban dulcemente cuando se movían. Los sombreros de los hombres eran azules, y el de la mujercita era blanco, y llevaba ella una túnica blanca que colgaba de sus hombros formando pliegues; sobre la túnica había salpicadas unas estrellitas que brillaban al sol como diamantes. Los hombres vestían de azul, de igual tono que sus sombreros, y usaban botas bien lustradas con una gruesa vuelta de color azul arriba. Los hombres, pensó Dorothy, eran más o menos de la edad del tío Henry, pues dos de ellos llevaban barba. Pero la mujercita era sin duda mucho más vieja; su rostro estaba cubierto de arrugas, sus cabellos eran casi blancos, y caminaba con bastante rigidez.

Cuando estas personas se aproximaron a la casa en donde estaba Dorothy de pie en el umbral, se detuvieron y cuchichearon entre sí, como si temiesen avanzar más. Pero la viejecilla caminó hasta llegar junto a Dorothy, hizo una profunda reverencia y dijo con dulce voz:

—Sed bienvenida, nobilísima hechicera, a la tierra de los Munchkins. Os estamos muy agradecidos porque habéis matado a la Malvada Bruja del Este, y habéis liberado a nuestro pueblo de la servidumbre.

Dorothy escuchó este discurso con asombro. ¿Qué querría decir esa viejecilla al llamarla hechicera, y al afirmar que había matado a la Malvada Bruja del Este? Dorothy era una niñita inocente, inofensiva, a la que un ciclón había arrastrado a muchos kilómetros de su hogar; y jamás había matado a nadie en su vida.

Pero evidentemente esa mujer pequeñita esperaba su respuesta, de manera que Dorothy dijo, confusa:

—Es usted muy amable; pero debe haber algún error. Yo no he matado a nadie.

—Su casa lo hizo, en todo caso —replicó la viejecilla, riendo— y eso da lo mismo. ¡Vea! —continuó, señalando una esquina de la casa—. Allí están sus dos pies, asomando todavía debajo de un trozo de madera.

Dorothy miró, y soltó un breve grito de pánico. Allí, en efecto, precisamente bajo la esquina de la gran viga sobre la que se apoyaba la casa, se asomaban dos pies, calzados con unos puntiagudos zapatos de plata.

—¡Ay, señor! ¡Ay, Jesús! —gritó Dorothy, juntando las manos horrorizada—. La casa debe haberle caído encima. ¿Qué podemos hacer?

—No hay nada que hacer —dijo sosegadamente la viejecita.

—¿Pero quién era ella? —preguntó Dorothy.

—Era la Malvada Bruja del Este, como dije —replicó la viejecilla—. Ha mantenido sometidos a los Munchkins durante muchos años, haciéndoles trabajar como esclavos, día y noche. Ahora quedan libres todos ellos, y os están agradecidos por ese favor.

—¿Quiénes son los Munchkins? —inquirió Dorothy.

—Son los habitantes de esta tierra del Este, en donde gobernaba la Malvada Bruja.

—¿Sois una Munchkin? —preguntó Dorothy.

—No, pero soy amiga de ellos, aunque vivo en la tierra del Norte. Cuando vieron que la Bruja del Este había muerto, los Munchkins me enviaron un veloz mensajero, y llegué rápidamente. Yo soy la Bruja del Norte.

—¡Oh, Dios mío! —gritó Dorothy—, ¿sois una verdadera bruja?

—En efecto —contestó la viejecilla—. Pero soy una bruja buena, y la gente me quiere. No soy tan poderosa como era la Malvada Bruja que reinaba aquí, de otra manera yo misma habría acabado con ella y liberado a la gente.

—Pero yo pensaba que todas las brujas eran malvadas —dijo la niña, medio asustada de encontrarse frente a una bruja de verdad.

—Oh, no, ese es un gran error. Había solo cuatro brujas en la tierra de Oz, y dos de ellas, las que viven en el Norte y en el Sur, son brujas buenas. Sé que esto es cierto porque yo soy una de ellas y no puedo estar equivocada. Las que habitan en el Este y en el Oeste eran, en efecto, brujas malvadas, pero ahora que habéis matado a una de ellas, no hay sino una Malvada Bruja en toda la tierra de Oz, la que vive en el Oeste.

—Pero —dijo Dorothy después de pensarlo un momento—, tía Em me dijo que las brujas habían desaparecido todas, hace miles de años.

—¿Quién es tía Em? —preguntó la viejecilla.

Es mi tía que vive en Kansas, de donde provengo.

La Bruja del Norte pareció pensar un rato, con la cabeza inclinada y mirando al suelo. Luego levantó los ojos y dijo:

—No sé dónde queda Kansas, pues nunca he oído nombrar ese país. Pero, decidme, ¿es civilizado?

—Oh, sí —respondió Dorothy.

—Eso lo explica todo. En los países civilizados creo que ya no quedan brujas, ni brujos, ni hechiceras, ni magos. Pero, veréis, la tierra de Oz no ha sido nunca civilizada, pues estamos apartados de todo el resto del mundo. Por ende aún hay brujas y magos entre nosotros.

—¿Quiénes son los magos? —preguntó Dorothy.

—El propio Oz es el Gran Mago —respondió la bruja, bajando la voz hasta convertirla en un susurro—. Él es más poderoso que todos los demás juntos. Vive en la Ciudad de las Esmeraldas.

Dorothy iba a hacer otra pregunta, pero en ese momento los Munchkins, que habían estado allí callados, dieron un gran grito y señalaron hacia la esquina de la casa en donde había estado tendida la Malvada Bruja.

—¿Qué pasa? —preguntó la viejecilla y miró, y empezó a reír. Los pies de la bruja habían desaparecido del todo, y no quedaban más que los zapatos de plata.

—Era tan vieja —explicó la Bruja del Norte—, que se resecó rápidamente al sol. Ese fue su fin. Pero sus zapatos son vuestros, y habréis de usarlos —se agachó y recogió los zapatos, y después de quitarles el polvo se los entregó a Dorothy.

—La Bruja del Este estaba orgullosa de esos zapatos de plata —dijo uno de los Munchkins—, y hay cierto encantamiento relacionado con ellos; pero nunca supimos cuál es.

Dorothy llevó los zapatos dentro de la casa y los puso sobre la mesa. Salió nuevamente a enfrentarse con los Munchkins y dijo:

—Necesito regresar con mi tía y mi tío, porque seguramente se preocuparán considerablemente por mí. ¿Me pueden ayudar a encontrar el camino de vuelta?

Los Munchkins y la Bruja se miraron primero unos a otros, y luego a Dorothy, y luego movieron la cabeza.

—Al Este, no lejos de aquí —dijo uno—, hay un gran desierto, y nadie consiguió atravesarlo.

—Lo mismo hacia el Sur —dijo otro—, pues yo he estado allí y lo he visto. El Sur es el país de los Quadlings.

—Me cuentan —dijo el tercer hombre— que lo mismo sucede al Oeste. Y ese país, en donde viven los Winkies, está gobernado por la Malvada Bruja del Oeste, que os convertiría en su esclava si os cruzáis en su camino.

—El Norte es mi lugar —dijo la anciana señora—, y rodeándola está el mismo gran desierto que rodea esta tierra de Oz. Me temo, querida, que tendréis que vivir entre nosotros.

Al oír esto Dorothy empezó a gimotear, pues se sintió sola en medio de toda esta gente extraña. Al parecer sus lágrimas apenaron a los bondadosos Munchkins, porque sacaron sus pañuelos y se echaron a llorar también. En cuanto a la viejecita, se quitó el gorro y equilibró la punta sobre el extremo de su nariz, mientras contaba «Uno, dos, tres» con una voz solemne. De repente, el gorro se convirtió en una pizarra, en la que estaba escrito con grandes palotes de tiza blanca:

QUE DOROTHY VAYA A LA CIUDAD
DE LAS ESMERALDAS

La viejecilla se quitó la pizarra de la nariz, y cuando hubo leído las palabras escritas en ella, preguntó:

—¿Te llamas Dorothy, querida?

—Sí —contestó la niña, levantando la vista y secándose las lágrimas.

—Entonces debes ir a la Ciudad de las Esmeraldas. Tal vez Oz te ayude.

—¿En dónde está esa ciudad? —preguntó Dorothy.

—Está justamente en el centro del país, y está gobernada por Oz, el Gran Mago del que te hablé.

—¿Es un hombre bueno? —preguntó ávidamente Dorothy.

—Es un buen Mago. No puedo decirte si es o no un hombre, pues nunca lo he visto.

—¿Cómo puedo llegar allí? —preguntó Dorothy.

—Debes caminar. Es un largo viaje, a través de una comarca que es a veces agradable, y a veces sombría y terrible. Pero usaré todas las artes mágicas que conozco para que no te pase nada malo.

—¿No querría acompañarme? —rogó la niña, que había empezado a considerar a la viejecilla como su única amiga.

—No, no puedo hacer eso —respondió—, pero te besaré, y nadie se atreverá a hacer daño a una persona que haya sido besada por la Bruja del Norte.

Se acercó a Dorothy y la besó suavemente en la frente. Allí donde sus labios la tocaron dejaron una señal redonda, brillante, según descubrió Dorothy después.

—El camino hacia la Ciudad de las Esmeraldas está pavimentado con ladrillos de color dorado —dijo la Bruja—, de manera que no puedes perderte. Cuando llegues donde Oz no le temas, sino cuéntale tu caso y pídele que te ayude. Adiós, querida.

Los tres Munchkins le hicieron una profunda reverencia y le desearon un viaje placentero, alejándose después entre los árboles. La Bruja hizo un gesto suave y amistoso a Dorothy, giró sobre su talón izquierdo tres veces, y desapareció sin más, con gran sorpresa del pequeño Toto, que ladró tras ella con fuerza, porque mientras estaba allí había tenido miedo hasta de gruñir.

Pero Dorothy, sabiendo que era una bruja, había esperado que desapareciera exactamente de esa manera, y no se sorprendió en absoluto.

DOROTHY SOCORRE AL ESPANTAPÁJAROS

Cuando Dorothy quedó sola, empezó a sentir hambre. De manera que llegó hasta la alacena y cortó un poco de pan, que untó con mantequilla. Le dio un trozo a Toto, y tomando un balde de la repisa, descendió con él hasta el arroyuelo y lo llenó de agua cristalina, efervescente. Toto corrió hacia los árboles y se puso a ladrar a los pájaros que allí había. Dorothy fue a buscarlo, y vio frutas tan deliciosas colgando de las ramas que recogió unas cuantas, pensando que era justo lo que deseaba para completar su desayuno.

Volvió luego a la casa, y después de servirse ella y Toto un buen trago del agua fresca y transparente, se dispuso a emprender el viaje a la Ciudad de las Esmeraldas.

Tenía solamente otro vestido, pero afortunadamente estaba limpio y colgado de una percha junto a su cama. Era de tela de algodón, a cuadros azules y blancos; y aunque el azul estaba algo desvaído de tanto lavarlo, seguía siendo un bonito traje. Se lavó cuidadosamente, se vistió con la ropa limpia, y ató a su cabeza su capota rosa. Cogió una cestita y la llenó con pan de la alacena, cubriéndola con un paño blanco. Miró luego sus pies y advirtió lo viejos y gastados que estaban sus zapatos.

—Seguro que no resistirán un largo viaje, Toto —dijo.

Y Toto la miró con sus ojillos negros, y meneó la cola para mostrar que sabía lo que ella quería decirle.

En ese momento Dorothy vio sobre la mesa los zapatos de plata que habían pertenecido a la Bruja del Este.

—Me pregunto si me irán bien —dijo a Toto—, es lo más apropiado para un largo viaje, pues no pueden desgastarse.

Se quitó sus viejos zapatos de cuero y se probó los de plata, que le sentaban como si hubiesen sido hechos a su medida.

Finalmente tomó su cesta.

—Ven, Toto —dijo—. Iremos a la Ciudad Esmeralda y preguntaremos al gran Oz cómo regresar a Kansas.

Cerró la puerta, echó la llave, y puso esta cuidadosamente en el bolsillo de su vestido. Y así, con Toto trotando muy juicioso a su lado, inició su viaje.

Había varios caminos por allí cerca, pero no demoró en encontrar el único pavimentado con ladrillos dorados. Poco después iba caminando a buen paso hacia la Ciudad Esmeralda, con sus zapatos de plata tintineando alegremente sobre la dura calzada amarilla. El sol brillaba con fuerza, los pájaros cantaban dulcemente y Dorothy no estaba tan triste como uno podía presumir si pensaba que era una niña que había sido arrebatada de su país y situada en una tierra extraña.

Le sorprendió ver, conforme avanzaba, lo bonito que era el campo que se extendía a su alrededor. A los lados del camino había cercas bien cuidadas, pintadas de un delicado color azul, bordeando unos extensos campos de cereales y verduras. Indudablemente, los Munchkins eran buenos agricultores, aptos para producir grandes cosechas. De vez en cuando pasaba frente a una casa, y la gente se asomaba a mirarla y le hacían una gran reverencia al cruzar, pues todos sabían que gracias a ella había sido destruida la malvada Bruja y ellos se veían libres de servidumbre. Las casas de los Munchkins eran unas viviendas de extraño aspecto, eran circulares, y con una gran cúpula por techo. Todas estaban pintadas de azul, que era el color favorito de las gentes del país del Este.

Al atardecer, cuando Dorothy estaba fatigada de su larga caminata y empezaba a preguntarse dónde pasaría la noche, llegó hasta una casa algo más grande que las demás. En el verde césped de delante estaban bailando muchos hombres y mujeres. Cinco violinistas pequeñitos tocaban lo más fuerte que podían y los asistentes estaban riendo y

cantando. Había una gran mesa repleta de deliciosas frutas frescas y secas, tartas y bizcochos, y muchas otras cosas ricas para comer.

La gente saludó cariñosamente a Dorothy y la invitó a cenar y a pasar la noche con ellos, pues era este el hogar de uno de los Munchkins más ricos del país, y sus amigos se habían reunido con él para celebrar el fin de su esclavitud.

Dorothy comió una abundante cena y fue atendida por el propio dueño de la casa, llamado Boq. Luego se sentó en un banco y miró cómo bailaban los invitados.

Cuando Boq vio sus zapatos de plata, dijo:

—Tú debes ser una gran hechicera.

—¿Por qué? —preguntó la niña.

—Porque calzas zapatos de plata y has vencido a la Malvada Bruja. Además tu vestido tiene partes blancas y solo las brujas y hechiceras usan el blanco.

—Mi vestido es a cuadros azules y blancos —dijo Dorothy, alisándose las arrugas.

—Es un detalle por tu parte llevar eso —dijo Boq—. Azul es el color de los Munchkins, y blanco el de las brujas; así sabemos que eres una bruja amiga.

Dorothy no supo qué decir ante todo esto, pues toda la gente parecía pensar que era una bruja, y ella sabía muy bien que era solo una niñita vulgar y corriente que había llegado por el azar de un ciclón a una tierra extraña.

Cuando se hubo cansado de observar el baile, Boq la condujo al interior de la casa, en donde le dio una habitación provista de una bonita cama. Las sábanas eran de tela azul, y Dorothy durmió profundamente entre ellas hasta la mañana con Toto acurrucado en la alfombra azul a su lado.

Dorothy tomó un suculento desayuno, y observó un bebé Munchkin pequeñito, que jugaba con Toto, le tiraba del rabo y reía y hacía ruidos con la boca de una manera que divirtió mucho a Dorothy. Toto despertaba la curiosidad de los Munchkins, pues nunca habían visto un perro.

—¿A qué distancia queda la Ciudad Esmeralda? —preguntó la niña.

—No lo sé —respondió gravemente Boq—, jamás he estado allí. Más vale mantenerse alejado de Oz, a menos que se tengan asuntos que tratar con él. Pero hay largo trecho hasta la Ciudad Esmeralda, y te demorarás muchos días llegar. Esta zona del país es fértil y agradable, pero deberás pasar a través de lugares ásperos y peligrosos antes de llegar al final de tu viaje.

Esto preocupó un poco a Dorothy, pero sabiendo que solamente el gran Oz podía ayudarla a regresar a Kansas, decidió audazmente no desistir de su decisión.

Se despidió de sus amigos, y echó a andar otra vez por el camino de ladrillos de color dorado. Después de caminar varios kilómetros pensó que se detendría a descansar, de manera que trepó a una valla a la vera de la carretera y se sentó. Al otro lado de la valla había un gran campo de maíz, y a no mucha distancia vio un espantapájaros, colocado encima de un largo palo, para alejar a los pájaros del maíz maduro.

Dorothy apoyó la barbilla sobre la mano y contempló pensativa al espantapájaros. Su cabeza era un saquito relleno de paja, en el que había pintados ojos, nariz y boca en forma de cara. Un sombrero azul y puntiagudo, que había pertenecido a algún Munchkin, se equilibraba sobre su cabeza, y el resto de su figura lo componían un traje azul, gastado y desteñido, que también estaba relleno de paja. Por pies tenía unas botas viejas de reborde azul, como las que usaban todos los hombres del país, y el muñeco se elevaba por encima de los tallos de maíz mediante la vara metida hacia arriba por su espalda.

Mientras Dorothy miraba fijamente la extraña cara pintada del espantapájaros, le sorprendió ver que le guiñaba lentamente un ojo. Al principio creyó haberse equivocado, porque ninguno de los espantapájaros de Kansas podía guiñar los ojos; pero pronto el muñeco le hizo amistosos gestos inclinando la cabeza. Entonces la niña bajó de la valla y se acercó caminando, mientras Toto corría alrededor del palo y ladraba.

—Buenos días —dijo el Espantapájaros, con voz un tanto ronca.

—¿Eres tú el que hablas? —preguntó la niña, asombrada.

—Indudablemente —respondió el Espantapájaros—, ¿cómo estás?

—Muy bien, gracias —replicó Dorothy, cortésmente—. ¿Cómo estás tú?

—No me siento muy bien —dijo el Espantapájaros, sonriendo—, porque es muy molesto estar montado aquí arriba noche y día para espantar pájaros.

—¿Puedes bajar? —preguntó Dorothy.

—No, porque este palo está encajado en mi espalda. Si tuvieses la gentileza de quitar el palo, te lo agradecería muchísimo.

Dorothy estiró ambos brazos y levantando el muñeco lo desencajó del palo, pues como estaba lleno de paja, era muy liviano.

—Muchas gracias —le dijo el Espantapájaros una vez que estuvo en el suelo—. Me siento como un hombre nuevo.

Esto intrigó a Dorothy, pues se le hacía raro oír hablar a un hombre de paja, y verle inclinarse y caminar a su lado.

—¿Quién eres? —preguntó el Espantapájaros después de estirarse y bostezar—. ¿Y adónde te dirijes?

—Me llamo Dorothy —dijo la niña—, y voy a la Ciudad Esmeralda, para pedirle al gran Oz que me envíe de regreso a Kansas.

—¿Dónde queda la Ciudad Esmeralda? —inquirió su interlocutor—. ¿Y quién es Oz?

—¿Cómo, no lo sabes? —replicó ella, sorprendida.

—La verdad que no; no sé nada. Verás, estoy relleno de paja, de manera que no tengo ni un poco de seso —contestó tristemente.

—Oh —dijo Dorothy—, lo siento muchísimo por ti.

—¿Crees tú —preguntó— que, si voy a la Ciudad Esmeralda contigo, Oz me dará un poco de seso?

—No sabría decirte —respondió la niña—, pero puedes venir conmigo, si quieres. Si Oz no te da nada de sesos, no estarás peor de lo que estás ahora.

—Es verdad —dijo el Espantapájaros—. Verás —continuó confidencialmente—, no me importa que mis brazos, mis piernas y mi cuerpo estén rellenos, porque así no pueden herirme. Si cualquiera me da un pisotón o me pincha con un alfiler, no me importa, porque no puedo sentirlo. Pero no quiero que me llamen tonto, y si mi cabeza sigue estando rellena de paja en vez de estar rellena de sesos, ¿cómo voy a saber nunca nada?

—Comprendo lo que sientes —dijo la niña, que sintió verdadera pena por él—. Si vienes conmigo, pediré a Oz que haga por ti todo lo que pueda.

—Gracias —respondió él, con emoción.

Retomaron el camino. Dorothy le ayudó a pasar sobre la valla, y se pusieron en marcha por la senda de ladrillos dorados hacia la Ciudad Esmeralda.

A Toto al principio no le gustó este nuevo compañero de camino. Dio vueltas en torno al hombre relleno, como si sospechara que podía haber un nido de ratas en la paja, y gruñó a menudo al Espantapájaros con cara de pocos amigos.

—No te preocupes por Toto —dijo Dorothy a su nuevo amigo—. Nunca muerde.

—Oh, yo no me espanto —replicó el Espantapájaros—. No puede dañar la paja. Déjame que te lleve esa cesta. A mí no me importa, porque no puedo cansarme. Te diré un secreto —continuó, mientras caminaba junto a ella—. Hay una sola cosa en el mundo que me da miedo.

—¿Y cuál es? —preguntó Dorothy—. ¿El granjero Munchkin que te hizo?

—No —replicó el Espantapájaros—. Una cerilla encendida.

EL CAMINO A TRAVÉS DEL BOSQUE

Al cabo de unas horas el camino empezó a ser más escabroso y se hizo tan difícil la marcha que el Espantapájaros tropezaba a menudo con los ladrillos de color dorado, que allí eran muy irregulares. A veces estaban incluso rotos, o faltaban del todo, dejando huecos que Toto esquivaba y Dorothy rodeaba. En cuanto al Espantapájaros, como no tenía sesos, caminaba sin apartarse, y así pisaba en los agujeros y caía cuan largo era sobre los duros ladrillos. Sin embargo, nunca le dolía, y Dorothy lo recogía y volvía a ponerlo en pie, mientras él reía con ella alegremente de su propio infortunio.

Por allí las granjas no estaban ni remotamente tan bien cuidadas como las que habían dejado atrás. Había menos casas y menos árboles frutales, y cuanto más avanzaban, más sombría y solitaria era la comarca.

A mediodía se sentaron junto al camino, cerca de un riachuelo, y Dorothy abrió su cesta y sacó un poco de pan. Ofreció un trozo al Espantapájaros, pero este lo rehusó.

—Jamás tengo hambre —dijo—: y es una suerte que no la tenga. Pues mi boca está solamente dibujada, y si hiciera en ella un agujero para poder comer, la paja con que estoy relleno se saldría, y eso echaría a perder la forma de mi cabeza.

Dorothy comprendió enseguida que eso era cierto, de manera que asintió y continuó comiendo su pan.

—Dime algo acerca de ti, y del país de donde viniste —dijo el Espantapájaros, cuando ella hubo terminado su almuerzo. Dorothy le contó todo acerca de Kansas, y cuán gris era todo allí y cómo el ciclón la había traído hasta esta extraña Tierra de Oz.

El Espantapájaros escuchó atentamente, y dijo:

—No puedo entender cómo puedes estar deseando dejar este hermoso país y regresar a ese lugar árido y gris que llamas Kansas.

—Eso te pasa porque no tienes seso —contestó la niña—. Por muy grises y tétricos que sean nuestros hogares, nosotros, la gente de carne y hueso, viviríamos allí antes que en ningún otro país, por hermoso que fuese. No hay nada como estar en casa.

El Espantapájaros suspiró.

—No puedo entenderlo, por supuesto —dijo—. Si vuestras cabezas estuvieran rellenas de paja, como la mía, seguramente viviríais todos en lugares hermosos, y entonces en Kansas no habría absolutamente nadie. Es una suerte para Kansas que vosotros tengáis sesos.

—¿No querrías contarme un cuento, mientras estamos reposando? —preguntó Dorothy.

El Espantapájaros la miró como censurándola, y respondió:

«Mi vida ha sido tan breve que realmente no sé absolutamente nada. Me hicieron anteayer. Lo que haya acontecido en el mundo antes, me es totalmente desconocido. Por suerte, cuando el granjero hizo mi cabeza, una de las primeras cosas que hizo fue dibujar mis orejas, de manera que escuché lo que estaba pasando. Había otro Munchkin con él, y lo primero que oí fue al granjero decir:

»—¿Qué te parecen esas orejas?

»—No están derechas —respondió el otro.

»—No importa —dijo el granjero—. Son orejas, de todos modos —lo cual era bastante cierto.

»—Ahora haré los ojos —dijo el granjero.

»De manera que dibujó mi ojo derecho, y tan pronto estuvo terminado me encontré mirándole, a él y a todo lo que me rodeaba, con muchísima curiosidad, pues esta era mi primera ojeada al mundo.

»—¡Qué bonito ojo! —exclamó el Munchkin que estaba acompañando al granjero—. La pintura azul es la más adecuada para los ojos.

»—Creo que haré el otro un poco más grande —dijo el granjero; y cuando estuvo hecho el segundo ojo pude ver mucho mejor que antes. Luego hizo mi nariz y mi boca, pero no hablé, porque entonces no sabía para qué servía la boca. Me divertí viéndoles hacer mi cuerpo, mis brazos y mis piernas, y cuando, por fin, fijaron mi cabeza encima, me sentí orgulloso, porque pensé que era un hombre tan bueno como cualquier otro.

»—Ese muñeco espantará bastante rápido los pájaros —dijo el granjero—. ¡Parece un hombre!

»—Pero si es, en efecto, un hombre —dijo el otro, y estuve muy de acuerdo con él. El granjero me llevó bajo el brazo hasta el maizal, y me colocó sobre una alta vara, en donde me encontraste. Él y su amigo se fueron pronto caminando y me dejaron solo.

»No me gustó quedar desamparado de esa manera, así que traté de caminar tras ellos, pero mis pies no llegaban a tocar el suelo, y me vi obligado a permanecer sobre ese palo. Era una vida solitaria la que llevaba, pues no tenía nada en qué pensar, habiendo vivido tan poco. Muchos cuervos y otros pájaros volaron hasta el maizal, pero tan pronto como me vieron echaron nuevamente a volar, pensando que yo era un Munchkin, y eso me agradó y me hizo sentir una persona muy importante. Al cabo de un rato un cuervo viejo voló cerca de mí, y después de mirarme escrupulosamente se posó sobre mi hombro y dijo:

»—Me pregunto si ese granjero creyó engañarme a mí de esta manera tan absurda. Cualquier pájaro sensato vería que estás relleno de paja.

»Saltó luego a mis pies y comió todo el maíz que le vino en gana. Los otros pájaros, viendo que yo no le hacía daño, vinieron también a comerse el maíz, de manera que al poco rato había una gran bandada a mi alrededor.

»Eso me entristeció, pues revelaba que yo no era un buen Espantapájaros, después de todo; pero el viejo cuervo me consoló diciendo:

»—Si tuvieses sesos en tu cabeza serías un hombre como cualquiera de ellos, y un hombre mejor que algunos de ellos. La única cosa que vale la pena tener en este mundo es seso, sea uno cuervo u hombre.

»Después de que se hubieron ido los cuervos, cavilé sobre esto, y decidí que pondría todo mi empeño en conseguir algo de seso. Afortunadamente, viniste tú y me sacaste de la estaca, y por lo que dices estoy seguro de que el gran Oz me dará sesos tan pronto lleguemos a la Ciudad Esmeralda.

—Así lo espero —dijo sinceramente Dorothy—, puesto que pareces ávido de tenerlos.

Oh, sí; estoy ansioso —replicó el Espantapájaros—. Es una sensación tan incómoda el saberse tonto.

—Bueno —dijo la chiquilla—, vámonos —y devolvió la cesta al Espantapájaros.

Ahora ya no había vallas a los lados del camino, y la tierra era escabrosa y estaba sin labrar. Al anochecer llegaron a un gran bosque, en donde los árboles se alzaban tan grandes y próximos que sus ramas se juntaban sobre el camino de ladrillos dorados. Era casi de noche bajo los árboles, pues las ramas tapaban la luz del día, pero los viajeros no se detuvieron y se adentraron en el bosque.

—Si este camino continúa, a algún lado debe ir —dijo el Espantapájaros—, y como la Ciudad Esmeralda está al otro extremo del camino, debemos ir a donde nos lleve.

—Eso lo sabe cualquiera —dijo Dorothy.

—Ciertamente; por eso lo sé yo —replicó el Espantapájaros—. Si se necesitara seso para figurárselo, jamás lo habría dicho.

Después de una hora o algo así la luz se desvaneció, y se encontraron tropezando en la oscuridad. Dorothy no podía ver nada, pero Toto sí, porque algunos perros pueden ver muy bien a oscuras, y el Espantapájaros expresó que podía ver tan bien como de día. De manera que ella se cogió de su brazo, y se las arregló bastante bien para continuar.

—Si ves alguna casa, o algún lugar en donde podamos pasar la noche —dijo Dorothy—, debes decírmelo, porque es muy incómodo caminar en la oscuridad.

Poco después el Espantapájaros se detuvo.

—Veo una cabaña a nuestra derecha —dijo—, hecha de troncos y ramas. ¿Vamos hacia allá?

—Sí, por supuesto —contestó la niña—. Estoy muy cansada.

El Espantapájaros la condujo a través de los árboles hasta que llegaron a la cabaña, y Dorothy entró y encontró un lecho de hojas secas en un rincón. Se tumbó rápidamente, y con Toto a su lado pronto quedó profundamente dormida. El Espantapájaros, que no se cansaba nunca, se quedó de pie en otro rincón esperando pacientemente la llegada de la mañana.

EL RESCATE DEL LEÑADOR DE HOJALATA

Cuando Dorothy despertó, el sol brillaba a través de los árboles y Toto llevaba largo rato persiguiendo pájaros a su alrededor. Allí estaba el Espantapájaros, todavía de pie en su rincón, esperándola pacientemente.

—Debemos ir y buscar agua —le dijo la niña.

—¿Por qué quieres agua? —preguntó.

—Para limpiarme bien la cara del polvo del camino, y para beber; así el pan seco no se me atorará en la garganta.

—Debe ser incómodo estar hecho de carne —dijo el Espantapájaros, pensativo—, pues se tiene que dormir, comer y beber. No obstante, tú tienes sesos, y el ser capaz de pensar correctamente bien vale muchas molestias.

Dejaron la cabaña y caminaron a través de los árboles hasta que encontraron un manantial de agua clara, en donde Dorothy bebió, se lavó y comió su desayuno. Vio que no quedaba mucho pan en la cesta, y se alegró de que el Espantapájaros no le diera hambre, pues apenas había lo suficiente para ella y Toto ese día.

Cuando hubo terminado de comer, y se disponía a regresar al camino de ladrillos dorados, le sorprendió escuchar un profundo quejido cerca de allí.

—¿Qué fue eso? —preguntó, turbadamente.

—No tengo ni idea —respondió el Espantapájaros—; pero podemos ir a ver.

En ese mismo momento llegó a sus oídos otro quejido, y el sonido parecía venir de detrás de ellos. Volvieron y recorrieron un trecho a través del bosque. Entonces Dorothy descubrió algo brillando a los rayos de sol que pasaban entre los árboles. Corrió hasta allí y se detuvo en el acto, dando un grito de sorpresa.

Uno de los grandes árboles había sido parcialmente cortado, y de pie junto a él, con un hacha levantada en las manos, había un hombre hecho enteramente de hojalata. Su cabeza, brazos y piernas estaban articulados sobre su cuerpo, pero permanecía perfectamente inmóvil, como si no pudiese moverse en absoluto.

Dorothy lo miró asombrada, y lo mismo hizo el Espantapájaros, mientras Toto ladró agudamente, y dio un mordisco a una pierna de hojalata, lo que le hizo daño en los dientes.

—¿Tú te quejaste? —preguntó Dorothy.

—Sí —respondió el hombre de hojalata—, fui yo. Llevo gimiendo más de un año, y nadie me ha oído ni ha venido a ayudarme.

—¿Qué podemos hacer por ti? —preguntó la niña con dulzura, pues la había conmovido la triste voz con que habló el hombre.

—Consigue una aceitera, y engrasa mis articulaciones —contestó—. Están tan oxidadas que no puedo moverlas de ningún modo. Si me engrasas bien pronto estaré como nuevo. Encontrarás una aceitera en un estante de mi cabaña.

Dorothy corrió a la cabaña y encontró la aceitera. Volvió entonces y preguntó, nerviosa:

—¿Dónde están tus articulaciones?

—Engrasa mi cuello primero —respondió el Leñador de Hojalata. Así lo hizo ella, pero como estaba tan oxidado, el Espantapájaros agarró la cabeza de hojalata y la llevó suavemente hacia uno y otro lado hasta que se movió con facilidad, y entonces el hombre pudo girarla por sí mismo.

—Engrasa ahora las articulaciones de mis brazos —dijo. Y Dorothy las engrasó, y el Espantapájaros las dobló cuidadosamente hasta que estuvieron bien limpias de herrumbre y como si fueran nuevas.

El Leñador de Hojalata dio un suspiro de complacencia y bajó su hacha, apoyándola contra el árbol.

—¡Qué alivio tan grande! —dijo—. He estado sosteniendo esa hacha en el aire desde que me oxidé, y estoy contento de poder bajarla por fin. Ahora, si quisierais engrasar las articulaciones de mis piernas, quedaré en forma otra vez.

Así que le engrasaron las piernas hasta que pudo moverlas fácilmente y les dio las gracias una y otra vez por haberlo rescatado, pues parecía un ser muy educado y muy agradecido.

—Podría haberme quedado de pie allí para siempre si no hubieseis pasado por aquí —dijo—, así que ciertamente me salvasteis la vida. ¿Cómo es que estáis aquí?

—Estamos en camino hacia la Ciudad Esmeralda, para ver al gran Oz —respondió Dorothy—, y nos detuvimos a pasar la noche en tu cabaña.

—¿Y para qué deseáis ver a Oz?

—Yo quiero que me envíe de regreso a Kansas; y el Espantapájaros quiere que le ponga un poco de seso en la cabeza —replicó la niña.

El Leñador de Hojalata pareció meditar hondamente un momento. Luego dijo:

—¿Creéis que Oz podría darme un corazón?

—Bueno, supongo que sí —respondió Dorothy—. Sería tan fácil como darle sesos al Espantapájaros.

—Cierto —afirmó el Leñador—. De manera que si me dejáis unirme a vuestro grupo, yo también iré a la Ciudad Esmeralda y pediré a Oz que me ayude.

—Ven con nosotros —dijo cordialmente el Espantapájaros, y Dorothy agregó que le encantaría tenerlo de compañero de viaje. Así pues, el Leñador de Hojalata echó su hacha al hombro, y todos cruzaron el bosque hasta llegar al camino con pavimento de ladrillo dorado.

El Leñador de Hojalata había pedido a Dorothy que pusiese la aceitera en su cesta.

—Porque —dijo—, si llegara a agarrarme la lluvia, y volviese a oxidarme, necesitaría muchísimo la aceitera.

No dejó de ser favorable que el nuevo camarada se hubiese unido al grupo, porque a poco de haber reiniciado su viaje llegaron a un lugar en el cual los árboles y las ramas crecían tan apretujados que los viajeros no pudieron pasar. Pero el Leñador de Hojalata se puso a trabajar con su hacha y lo hizo tan bien que pronto abrió paso para todos.

Dorothy iba tan sumida en sus pensamientos mientras caminaban que no advirtió que el Espantapájaros tropezaba en un agujero y rodaba al costado del camino. De hecho tuvo él que llamarla para que lo ayudara a incorporarse.

—¿Por qué no caminaste alrededor del agujero? —preguntó el Leñador de Hojalata.

—No estoy lo bastante instruido —respondió alegremente el Espantapájaros—. Mi cabeza está rellena de paja, ya sabes, y por eso voy a ver a Oz a pedirle un poco de seso.

—Ah, ya veo —dijo el Leñador de Hojalata—. Pero, después de todo, el seso no es la mejor cosa del mundo.

—¿Tienes tú? —inquirió el Espantapájaros.

—No, mi cabeza está vacía del todo —replicó el Leñador—; pero en otro tiempo tuvo sesos, y también corazón, de manera que habiendo probado ambas cosas, preferiría con mucho tener un corazón.

—¿Y eso por qué? —preguntó el Espantapájaros.

—Te contaré mi historia, y entonces sabrás.

Así pues, mientras iban caminando por el bosque, el Leñador de Hojalata relató lo siguiente:

—Nací como hijo de un leñador que cortaba árboles en el bosque y vendía la madera para vivir. Cuando crecí me convertí también en leñador, y después de morir mi padre, cuidé de mi anciana madre hasta la muerte. Luego decidí que en vez de vivir solo me casaría, así no me convertiría en un solitario.

»Había una muchacha Munchkin que era tan hermosa, que pronto llegué a amarla con todo mi corazón. Ella, por su parte, prometió casarse conmigo tan pronto como yo pudiera ganar lo suficiente como para construir una casa mejor para ella. Así pues, me puse a trabajar con más empeño que nunca. Pero la muchacha vivía con una vieja que no quería que se casase, porque era tan perezosa que quería que la muchacha se quedase con ella y le cocinara y le hiciera las labores domésticas. De manera que la vieja fue donde la Malvada Bruja del Este, y le prometió dos ovejas y una vaca si impedía mi matrimonio. Como consecuencia la Malvada Bruja encantó mi hacha, y cuando yo estaba un día cortando de lo mejor, pues estaba ansioso de conseguir lo antes posible la nueva casa y mi esposa, el hacha resbaló de repente y me cortó la pierna izquierda.

»Esto pareció al principio una gran desgracia, pues yo sabía que un cojo no podía arreglárselas bien como leñador. De manera que fui a un hojalatero e hice que me fabricara una nueva pierna de hojalata. La pierna funcionó muy bien, una vez que me acostumbré a ella; pero mi acción irritó a la Malvada Bruja del Este, porque ella había prometido a la vieja que yo no me casaría con la bonita muchacha Munchkin. Cuando empecé a talar de nuevo, mi hacha resbaló y cortó mi pierna derecha. De nuevo fui al hojalatero, y otra vez me hizo una pierna de hojalata. Después el hacha encantada cortó mis brazos, uno tras otro; pero, impávido, los hice reemplazar por otros de hojalata. La malvada Bruja hizo entonces que el hacha resbalara y me cortase la cabeza, y primero pensé que mi fin había llegado. Pero ocurrió que pasaba por allí el hojalatero, y me hizo una nueva cabeza de hojalata.

»Pensé que había vencido a la Malvada Bruja entonces, y trabajé más arduamente que nunca; pero no sabía yo cuán cruel era mi enemiga. Ideó ella una nueva manera de matar mi amor por la hermosa doncella Munchkin, e hizo resbalar nuevamente mi hacha, de manera que traspasó mi cuerpo, partiéndome en dos mitades. Una vez más vino en mi ayuda el hojalatero y me hizo un cuerpo de hojalata, fijando en él brazos, piernas y cabeza de hojalata, mediante articulaciones, de manera que podía moverme con tanta soltura como antes. Pero, ¡ay!, ya no tenía corazón, entonces perdí todo mi amor por la muchacha Munchkin, y no me importaba casarme o no con ella. Supongo que aún sigue viviendo con la vieja, esperando que yo vaya a buscarla.

»Mi cuerpo brillaba de tal manera al sol, que me sentía muy orgulloso de él y ya no me importaba si resbalaba mi hacha, pues no podía cortarme. Había solo un peligro: que se oxidaran mis articulaciones; pero guardaba una aceitera en mi cabaña, y tenía la precaución de engrasarme siempre que lo necesitaba. Sin embargo, un día olvidé hacerlo, y me agarró un fuerte aguacero; antes de que pensara en el peligro, mis junturas se habían oxidado, y quedé detenido en el bosque hasta que llegasteis a auxiliarme. Fue terrible soportar aquello, pero durante el año que permanecí de pie allí tuve tiempo para pensar que la mayor pérdida que había sufrido era la pérdida de mi corazón. Mientras estuve enamorado era el hombre más dichoso de la tierra; pero nadie que carezca de corazón puede amar, de manera que estoy decidido a pedirle a Oz que me dé uno. Si lo hace, volveré donde la doncella Munchkin y me casaré con ella.

Dorothy y el Espantapájaros habían escuchado con gran interés la historia del Leñador de Hojalata, y ahora sabían por qué estaba tan empeñado en conseguir un nuevo corazón.

—De todas maneras —dijo el Espantapájaros—, yo pediré sesos en vez de corazón; porque un tonto no sabría qué hacer con un corazón si lo tuviera.

—Yo tomaré el corazón —replicó el Leñador de Hojalata—, porque los sesos no hacen feliz a nadie, y la felicidad es lo mejor del mundo.

Dorothy nada dijo, porque estaba perpleja, sin saber cuál de sus dos amigos tenía razón, y decidió que si tan solo pudiese volver a Kansas y con tía Em, no importaba mucho que el Leñador no tuviese sesos y el Espantapájaros no tuviese corazón, o que cada cual consiguiese lo que quería.

Lo que más la inquietaba era que casi no quedaba pan, y otra comida de ella y de Toto vaciaría la cesta. Claro está que ni el Leñador ni el Espantapájaros comían nunca nada, pero ella no estaba hecha ni de hojalata ni de paja, y no podría vivir a menos que se alimentara.

EL LEÓN COBARDE

Durante todo este tiempo, Dorothy y sus compañeros habían estado caminando por un espeso bosque. El camino seguía estando pavimentado con ladrillos dorados, pero estos estaban en buena parte cubiertos de ramas muertas y de hojas secas caídas de los árboles, y caminar no era nada fácil.

Había pocos pájaros en esta parte del bosque, porque a los pájaros les gusta el campo abierto en donde el sol es más fuerte, pero de vez en cuando escuchaban el ronco gruñido de alguna bestia salvaje escondida entre los árboles. Estos sonidos hacían latir más rápido el corazón de la niña, pues no sabía cómo descifrarlos; pero Toto sí sabía, y trotaba muy cerca de Dorothy y ni siquiera ladraba para contestar.

—¿Cuánto tardaremos en salir del bosque? —preguntó la niña al Leñador de Hojalata.

—No sabría decirlo —fue la respuesta—, pues nunca he estado en la Ciudad Esmeralda. Pero mi padre fue allí una vez, cuando yo era un muchacho, y dijo que era un largo viaje a través de una peligrosa comarca, aunque más cerca de la ciudad en donde habita Oz, el país es hermoso. Pero no me da miedo mientras tenga mi aceitera, y nada puede estropear al Espantapájaros, además tú llevas sobre la frente la marca del beso de la buena Bruja, y esto te librará de todo mal.

—¡Pero, y Toto! —dijo nerviosamente la niña—. ¿A él qué le protegerá?

—Nosotros debemos protegerlo si está en peligro —respondió el Leñador de Hojalata.

En el momento mismo en que acababa de hablar se oyó en el bosque un terrible rugido, y al instante un gran León saltó al camino. Con un golpe de su pata envió al Espantapájaros girando como un trompo al borde del camino, y luego golpeó al Leñador de Hojalata con sus agudas garras. Pero, con gran sorpresa del León, no pudo hacer mella en la hojalata, aunque el Leñador cayó sobre el camino y quedó tendido e inmóvil.

El pequeño Toto, ahora que tenía un enemigo al cual enfrentarse, corrió ladrando hacia el León, y la gran bestia abrió las fauces para morder al perro, cuando Dorothy, temiendo que matara a Toto, y sin pensar en el peligro, se arrojó hacia adelante y dio al León un golpe en la nariz, tan fuerte como pudo, mientras gritaba:

—¡No te atrevas a morder a Toto! ¡Deberías estar avergonzado de ti mismo, un animalote tan grande, mordiendo a un pobre perrito!

—Yo no le mordí —dijo el León, y se frotó con la pata la nariz allí donde le había golpeado Dorothy.

—No, pero lo intentaste —replicó ella—. No eres más que un cobardón.

—Ya lo sé —dijo el León, agachando avergonzado la cabeza—. Siempre lo he sabido. Pero ¿cómo podría evitarlo?

—Pues no lo sé. ¡Pensar que has golpeado a un hombre de paja, como el pobre Espantapájaros!

—¿Es de paja? —preguntó sorprendido el León, mientras la veía levantar al Espantapájaros y ponerlo de pie, devolviéndole su forma con unos golpecitos por aquí y por allá.

—Por supuesto que está relleno de paja —replicó Dorothy, enojada todavía.

—Por eso cayó tan fácilmente —observó el León—. Me sorprendió verlo dar vueltas de tal manera. ¿Y el otro, también está relleno?

—No —dijo Dorothy—, él está hecho de hojalata —y ayudó al Leñador a levantarse.

—Por eso casi melló mis garras —dijo el León—. Cuando arañaron la hojalata me pasó un escalofrío por el lomo. ¿Qué animalito es ese que proteges con tanta ternura?

—Es mi perro, Toto —respondió Dorothy.

—¿Está hecho de hojalata, o relleno de algo? —preguntó el León.

—Ni lo uno, ni lo otro. Es un… un… perro de carne —dijo la niña.

—¡Oh! Es un curioso animal, y es notablemente pequeño, ahora que lo veo. A nadie se le ocurriría morder a una cosita tan chica, excepto a un cobarde como yo —continuó con tristeza el León.

—¿Qué es lo que te hace cobarde? —preguntó Dorothy, mirando asombrada a la gran bestia, porque su tamaño era el de un caballo pequeño.

—Es un misterio —replicó el León—. Supongo que nací con esa condición. Todos los demás animales del bosque esperan, naturalmente, que yo sea valiente, porque en todas partes se piensan que el León es el Rey de los Animales. Aprendí que si rugía muy fuerte, todo animal viviente se asustaba y se apartaba de mi camino. Siempre que me he topado con un hombre he pasado un miedo terrible, pero me ha bastado con rugirle, y siempre se ha apartado corriendo lo más rápido que ha podido. Si los elefantes, los tigres y los osos hubieran intentado pelear conmigo alguna vez, yo mismo habría huido corriendo —soy muy cobarde—; pero tan pronto como me oyen rugir todos tratan de apartarse de mí, y, por supuesto, dejo que se vayan.

—Pero eso no está bien. El Rey de los Animales no debería ser un cobarde —dijo el Espantapájaros.

—Ya lo sé —replicó el León, secándose una lágrima con la punta del rabo—. Esa es mi gran pena, y me hace sentir muy desgraciado. Pero siempre que hay un peligro el corazón me empieza a latir con rapidez.

—Quizá tengas una enfermedad en el corazón —dijo el Leñador de Hojalata.

—Tal vez —dijo el León.

—Si la tienes —continuó el Leñador de Hojalata—, deberías estar feliz, porque ello prueba que tienes un corazón. Yo no tengo corazón, de manera que no puedo tener una enfermedad cardíaca.

—Quizá —dijo pensativo el León—, si yo no tuviera corazón no sería cobarde.

—¿Tienes sesos? —preguntó el Espantapájaros.

—Supongo que sí. Nunca me he puesto a mirar si los tengo —respondió el León.

—Yo voy al gran Oz para que me dé unos pocos —observó el Espantapájaros—, pues mi cabeza está rellena con paja.

—Y yo voy a pedirle que me dé un corazón —dijo el Leñador.

—Yo voy a pedirle que nos envíe a Toto y a mí de vuelta a Kansas —agregó Dorothy.

—¿Creéis que Oz podría darme valentía? —preguntó el León Cobarde.

—Con la misma facilidad con que podría darme sesos —dijo el Espantapájaros.

—O darme un corazón —dijo el Leñador.

—O enviarme de vuelta a Kansas —dijo Dorothy.

—Entonces, si no os importa, iré con vosotros —dijo el León—, porque mi vida es sinceramente insoportable sin un poco de valor.

—Te damos la bienvenida gustosamente —contestó Dorothy—, porque ayudarás a mantener apartadas a las otras fieras. Me parece que deben de ser más cobardes que tú si dejan que las asustes tan fácilmente.

—Realmente lo son —dijo el León—, pero eso no me hace más valiente a mí, y mientras yo me sepa cobarde seré infeliz.

Así pues, el pequeño grupo se puso otra vez en camino, con el León avanzando con imponentes zancadas al costado de Dorothy. Toto no aprobó en un comienzo a su nuevo camarada, porque no podía olvidar cuán cerca había estado de ser descuartizado entre las grandes mandíbulas del León; pero después de un rato se tranquilizó, y pronto Toto y el León Cobarde se hicieron buenos amigos.

Durante el resto de ese día no hubo otra aventura que trastornara la paz de los viajeros. En cierto momento el Leñador de Hojalata pisó un escarabajo que se arrastraba por el camino, y mató al pobre animalito. Esto entristeció muchísimo al Leñador de Hojalata, pues siempre se cuidaba de no hacer daño a ningún ser vivo, y conforme caminaba soltó varias lágrimas de pena y sentimiento. Estas lágrimas corrieron lentamente por su cara y bajaron hasta los goznes de su mandíbula, y los oxidaron. Cuando un momento más tarde Dorothy le hizo una pregunta, el Leñador no pudo abrir la boca, porque sus mandíbulas estaban pegadas e inmovilizadas por el óxido. Esto le asustó en gran manera y le hizo muchos gestos a Dorothy para que le aliviara, pero ella no podía entenderle. El León también sentía curiosidad por saber que le aquejaba. Pero el Espantapájaros tomó la aceitera de la cesta de Dorothy y engrasó las mandíbulas del Leñador, de manera que al cabo de unos momentos podía hablar tan bien como antes.

—Esto me servirá de lección —dijo—, para que me fije dónde piso. Pues si matase a cualquier otro insecto o escarabajo, seguramente lloraría nuevamente, y llorar me oxida las mandíbulas de manera que no puedo hablar.

A partir de entonces caminó muy cuidadosamente, con los ojos puestos en el camino, y cuando veía una hormiguita avanzando afanosamente, pasaba por encima de ella para no lastimarla. El Leñador de Hojalata sabía que no tenía corazón, y por eso se preocupaba de no ser nunca cruel con nadie.

—Vosotros, que tenéis corazón —decía—, tenéis algo que os guíe, y no tenéis por qué obrar nunca mal, pero yo no tengo corazón, y por eso debo ser muy cuidadoso. Cuando Oz me provea de un corazón no necesitaré preocuparme tanto.

EL VIAJE HACIA EL GRAN OZ

Esa noche se vieron obligados a acampar al aire libre bajo un gran árbol del bosque, porque no había casas cerca. El árbol constituía un abrigo adecuado y tupido para guarecerlos del rocío. El Leñador de Hojalata cortó un gran montón de leña con su hacha y Dorothy encendió una espléndida hoguera que la calentó y la hizo sentirse menos sola. Toto y ella comieron lo que quedaba de pan, y ahora no sabía qué podrían desayunar.

—Si lo deseas —dijo el León—, iré al bosque y mataré un venado para ti. Lo puedes asar en la hoguera, puesto que vuestros gustos son tan especiales que preferís comer carne cocida, y así tendréis un magnífico desayuno.

—¡No, por favor, no lo hagas! —rogó el Leñador de Hojalata—. Lloraré si matas a un pobre venado, y entonces volverían a oxidárseme las mandíbulas.

Pero el León se adentró en el bosque y encontró su propia cena, y nadie supo qué fue, porque no lo dijo. Y el Espantapájaros encontró un árbol lleno de nueces y llenó con ellas la cesta de Dorothy, así esta no tendría hambre por largo tiempo. La niña consideró que era un detalle por parte del Espantapájaros, pero se rio de la torpeza con que la pobre criatura recogía las nueces. Sus manos almohadilladas eran tan obtusas y las nueces tan pequeñas que dejaba caer casi tantas como echaba en la cesta. Pero al Espantapájaros no le importaba el tiempo que demoraba en llenar la cesta, pues eso le permitía mantenerse alejado del fuego, ya que temía que una chispa pudiera meterse en su paja y hacerlo arder. De manera que estaba a una distancia prudencial de las llamas, y solo se acercó a tapar a Dorothy con hojas secas cuando ella se acostó para dormir. Las hojas la mantuvieron muy cómoda y abrigada, y durmió cómodamente hasta la mañana.

Cuando fue de día, la niña se lavó la cara en un riachuelo rumoroso y poco después emprendieron todos la marcha hacia la Ciudad Esmeralda.

Iba a ser un día lleno de aventuras para los viajeros. Llevaban caminando apenas una hora cuando se abrió ante ellos una gran quebrada que cruzaba el camino, y dividía el bosque hasta donde alcanzaban a ver por cada lado. Era una quebrada muy ancha, y cuando se aproximaron con cuidado a un borde y miraron hacia abajo, pudieron ver además que era muy profunda, y que al fondo había muchas rocas grandes y puntiagudas. Los costados eran tan escarpados que ninguno de ellos podría descender por allí, y por un momento pareció que debían dar por terminado el viaje.

—¿Qué haremos? —preguntó Dorothy con desaliento.

—No tengo ni la más remota idea —dijo el Leñador de Hojalata; y el León sacudió su desordenada melena y se quedó pensativo.

Pero el Espantapájaros dijo:

—No podemos volar, eso es seguro; ni tampoco descender al fondo de esta gran quebrada. Por consiguiente, si no podemos saltar al otro lado, debemos detenernos donde estamos.

—Creo que podría saltarla —dijo el León Cobarde, después de medir mentalmente y con mucho cuidado la distancia.

—Entonces estamos perfectamente —respondió el Espantapájaros—, porque nos puedes llevar a todos sobre el lomo, uno cada vez.

—Bueno, lo intentaré —dijo el León—. ¿Quién vendrá primero?

—Yo —declaró el Espantapájaros—; porque si te percatas que no puedes saltar la brecha y va uno contigo, Dorothy se moriría, o el Leñador de Hojalata se abollaría malamente en las rocas del fondo. Pero en cambio si voy yo sobre tu lomo no importará mucho, porque la caída no me haría ningún daño.

—Imagínate, yo tengo un miedo horrible de caer —dijo el León Cobarde—, pero presumo que no hay más remedio que intentarlo. Así es que móntate sobre mí y haremos la prueba.

El Espantapájaros se sentó sobre el lomo del León y la gran fiera caminó hasta el borde de la quebrada y se agazapó.

—¿Por qué no corres y saltas? —preguntó el Espantapájaros.

—Porque esa no es la manera como los leones hacemos estas cosas —replicó.

Y entonces, dando un gran salto, salió disparado por el aire y aterrizó sin problemas al otro lado.

Todos quedaron estupefactos y felices al ver con qué habilidad lo había hecho, y después de que el Espantapájaros hubo desmontado, el León volvió a saltar la quebrada.

Dorothy pensó ser la siguiente. Tomó a Toto en sus brazos y trepó al lomo del León, sujetándose con firmeza a la melena con una mano. Enseguida le pareció estar volando por el aire, y luego, antes de haber tenido tiempo siquiera de pensarlo, estaba sana y salva al otro lado. El León regresó por tercera vez y trajo al Leñador de Hojalata; después se sentaron todos un rato para dejar que la fiera reposara, pues sus enormes saltos le habían dejado exhausto, y jadeaba como un perrazo que hubiese estado corriendo demasiado rato.

Encontraron que el bosque era muy espeso a ese lado, y se veía oscuro y lúgubre. Después de que el León se hubo repuesto, se echaron a andar por el camino de ladrillo dorado, preguntándose silenciosamente, cada uno para sí, si alguna vez llegarían al final de la espesura y verían nuevamente la radiante luz del sol. Para acrecentar su intranquilidad, pronto escucharon extraños ruidos provenientes de las profundidades del bosque, y el León les susurró que en esta parte del país habitaban los Kalidahs.

—¿Qué son los Kalidahs? —preguntó Dorothy.

—Son unas bestias monstruosas como con cuerpo de oso y cabeza de tigre —respondió el León—, y con garras tan largas y afiladas que podrían partirme en dos con la misma facilidad con que yo podría matar a Toto. Yo les tengo un miedo terrible a los Kalidahs.

—No me sorprende que se lo tengas —respondió la niña—. Deben de ser unas fieras espantosas.

El León estaba a punto de hablar cuando de pronto llegaron a otra quebrada que atravesaba el camino, pero esta era tan ancha y profunda, que el León supo enseguida que no podría cruzarla saltando.

Se sentaron a estudiar qué podrían hacer, y después de pensarlo detenidamente, el Espantapájaros dijo:

—Allá hay un gran árbol que se alza junto al borde. Si el Leñador de Hojalata puede cortarlo, de manera que caiga al otro lado, podremos atravesar a pie con facilidad.

—Esa es una idea de primera clase —dijo el León—. Casi sospecharía que tienes sesos en la cabeza, en vez de paja.

El Leñador se puso a trabajar al instante, y tan afilada era su hacha, que pronto había casi cortado el tronco del todo. Entonces el León apoyó sus poderosas patas delanteras contra el árbol y empujó con todas sus fuerzas, y, lentamente, el gran árbol se inclinó, cayendo con estrépito sobre la quebrada, apoyando su copa al lado opuesto.

Apenas se habían puesto a cruzar este extraño puente, cuando un agudo gruñido les hizo levantar la vista, y con horror vieron corriendo hacia ellos dos grandes fieras con cuerpo de oso y cabeza de tigre.

—¡Son los Kalidahs! —dijo el León Cobarde, que comenzó a temblar.

—¡Rápido! —gritó el Espantapájaros—. ¡Atravesemos!

Así pues, Dorothy pasó primero, llevando a Toto en brazos, seguida del Leñador de Hojalata y luego del Espantapájaros. El León, aunque estaba realmente asustado, se volvió a hacer frente a los Kalidahs, y luego soltó un rugido tan fuerte y terrible que Dorothy chilló y el Espantapájaros cayó de espaldas, mientras que las bestias feroces se detuvieron en el acto y lo miraron con sorpresa.

Pero viendo que eran más grandes que el León, y recordando que eran dos, y él uno solo, los Kalidahs retomaron su empresa, y el León cruzó sobre el árbol y se volvió para ver qué hacían a continuación.

Sin detenerse un instante las feroces fieras empezaron a cruzar también el árbol, y el León le dijo a Dorothy:

—Estamos perdidos porque nos harán pedazos con sus afiladas garras. Pero quédate cerca, detrás de mí, y lucharé contra ellos mientras viva.

—¡Esperad un momento! —exclamó el Espantapájaros.

Había estado pensando qué era lo mejor que podía hacerse, y esta vez pidió al Leñador que cortase el extremo del árbol que se apoyaba en el lado de la quebrada donde ellos estaban. El Leñador de Hojalata comenzó a usar su hacha al instante y, en el momento mismo en que los Kalidahs casi habían cruzado, el árbol cayó aparatosamente en la sima, arrastrando consigo a las horrorosas y rugientes fieras, y ambas se hicieron pedazos en las puntiagudas rocas del fondo del abismo.

—Bueno —dijo el León Cobarde, respirando con hondo alivio—, veo que vamos a vivir un tiempecito más, y me alegro, porque debe de ser muy incómodo no estar vivo. Esas criaturas me asustan tanto que todavía me late fuerte el corazón.

—¡Ah! —dijo tristemente el Leñador de Hojalata—, desearía tener un corazón que latiera fuerte.

Esta aventura hizo que los viajeros estuviesen más ansiosos que nunca por salir del bosque, y caminaron tan rápidamente que Dorothy se cansó, y tuvo que seguir montada en el León. Con gran alegría, el grupo comprobó que los árboles iban creciendo más separados conforme avanzaban, y por la tarde llegaron a un ancho río, de rápida corriente. Al otro lado del agua podían ver el camino de ladrillo dorado extendiéndose a lo ancho de un hermoso paisaje, con verdes prados salpicados de alegres flores, y todo el camino estaba bordeado de árboles repletos de exquisitas frutas. Les agradó muchísimo ver ese delicioso paraje ante sus ojos.

—¿Cómo atravesaremos el río? —preguntó Dorothy.

—Eso no es problema —respondió el Espantapájaros—. El Leñador de Hojalata debe construir una balsa, de manera que podamos navegar hasta la otra orilla.

Así pues, el Leñador tomó su hacha y empezó a cortar unos arbolitos para hacer una balsa, y mientras él se ocupaba de esto, el Espantapájaros encontró en la ribera un árbol lleno de excelente fruta. Esto le gustó mucho a Dorothy, que solo había comido nueces durante el día, y se sació de fruta madura.

Pero lleva tiempo construir una balsa, incluso cuando se es trabajador y perseverante como el Leñador de Hojalata, y cuando llegó la noche, la tarea no estaba concluida. Sin embargo encontraron un agradable lugar bajo los árboles en donde durmieron placenteramente hasta la mañana. Y Dorothy soñó con la Ciudad Esmeralda, y con el buen Mago de Oz, que pronto la enviaría de vuelta a su casita.

EL CAMPO DE AMAPOLAS LETALES

Nuestro pequeño grupo de viajeros despertó a la mañana siguiente descansado y lleno de esperanzas, y Dorothy desayunó como una princesa con los melocotones y ciruelas de los árboles que había junto al río. Detrás quedaba la sombría espesura que habían atravesado ilesos, aunque con muchos sobresaltos, y ante ellos había una comarca hermosísima y soleada que parecía invitarles a seguir hasta la Ciudad Esmeralda.

El río, es cierto, los separaba ahora de esa hermosa tierra, pero la balsa estaba casi hecha, y después de que el Leñador de Hojalata cortó otros pocos troncos y los sujetó con listones de madera, estuvieron listos para iniciar la travesía. Dorothy se sentó en medio de la balsa y tomó a Toto en brazos. Cuando el León Cobarde pisó la balsa, esta se inclinó arriesgadamente, pues era grande y pesado, pero el Espantapájaros y el Leñador de Hojalata se pusieron en el lado opuesto para equilibrarlo, y llevaban largas pértigas en las manos para empujar la balsa.

Avanzaron bastante bien al principio, pero cuando llegaron al centro del río, la rápida corriente arrastró la balsa aguas abajo, cada vez más lejos del camino de ladrillos dorados; y el agua se hizo tan profunda que las largas varas no tocaban el fondo.

—Esto va mal —dijo el Leñador de Hojalata—, porque si no podemos aproximarnos a tierra seremos arrastrados al país de la Malvada Bruja del Oeste, y ella nos hechizará y nos convertirá en esclavos.

—Y entonces yo no conseguiría sesos —dijo el Espantapájaros.

—Y yo no conseguiría valentía —dijo el León Cobarde.

—Y yo no conseguiría un corazón —dijo el Leñador de Hojalata.

—Y yo no volvería nunca a Kansas —dijo Dorothy.

—Tenemos que procurar llegar a la Ciudad Esmeralda —continuó el Espantapájaros, y empujó tan fuerte con su larga pértiga, que esta se clavó en el fango del fondo, y antes de que pudiese sacarla nuevamente, o soltarla, la balsa fue arrastrada por la corriente y el pobre Espantapájaros quedó agarrado a la vara en medio del río.

—¡Adiós! —les gritó, y les dio mucha pena abandonarlo, tanto, que el Leñador de Hojalata empezó a llorar, pero afortunadamente recordó que podía oxidarse, y así, secó sus lágrimas con el vestido de Dorothy.

Este era sin duda un revés para el Espantapájaros.

—Ahora estoy en peores condiciones que cuando conocí a Dorothy —pensó—. Entonces estaba sujeto a un palo en un maizal, en donde, después de todo, podía fingir que espantaba pájaros. Pero realmente no tiene sentido un espantapájaros sujeto a un palo en medio de un río. ¡Me temo que, al final, no tendré nunca sesos!

La balsa flotaba aguas abajo, y el pobre Espantapájaros quedó muy atrás. Entonces el León dijo:

—Es necesario hacer algo para salvarnos. Creo que puedo nadar hasta la orilla y remolcar la balsa, siempre que alguien agarre la punta de mi rabo.

Saltó, pues, al agua, y el Leñador de Hojalata le agarró fuertemente de la cola, mientras el León nadaba con todas sus fuerzas hacia la orilla. Era un trabajo duro, pese a lo grande que era el animal, pero, poco a poco, fueron saliendo de la corriente, y entonces Dorothy tomó la larga pértiga del Leñador de Hojalata y ayudó empujando la balsa hacia tierra.

Cuando por fin llegaron a la orilla y pisaron el hermoso y verde césped estaban todos exhaustos, y sabían asimismo que la corriente los había apartado muchísimo del camino de ladrillos dorados que conducía a la Ciudad Esmeralda.

—¿Qué haremos ahora? —preguntó el Leñador de Hojalata, mientras el León se echaba sobre la hierba para secarse al sol.

—Debemos volver de alguna manera al camino —dijo Dorothy.

—Lo más razonable sería caminar por la ribera del río hasta que lleguemos nuevamente al camino —observó el León.

Así pues, una vez que hubieron descansado, Dorothy recogió su cesta y se pusieron en marcha por la verde orilla, hacia el camino del que los había alejado el río. Era un hermoso paraje soleado lleno de flores y árboles frutales que alegraban la vista, y si no hubiesen estado entristecidos por el pobre Espantapájaros su alegría hubiese sido completa.

Avanzaban lo más rápido que podían, Dorothy se detuvo una vez a coger una linda flor, y al cabo de un rato el Leñador de Hojalata gritó:

—¡Mirad!

Todos miraron entonces hacia el río, y vieron al Espantapájaros encaramado en su pértiga en medio del agua, con un aspecto muy triste y desolado.

—¿Qué podemos hacer para salvarlo? —preguntó Dorothy.

El León y el Leñador sacudieron la cabeza, pues no lo sabían. Así que se sentaron a la orilla y contemplaron meditabundos al Espantapájaros, hasta que pasó volando una Cigüeña que, al verlos, se detuvo a reposar junto a ellos.

—¿Quiénes sois y adónde vais? —preguntó.

—Yo soy Dorothy —contestó la niña—, y estos son mis amigos, el Leñador de Hojalata y el León Cobarde, y vamos a la Ciudad Esmeralda.

—Este no es el camino —dijo la Cigüeña, arqueando su largo cuello y mirando fijamente al extraño grupo.

—Ya lo sé —replicó Dorothy—, pero hemos perdido al Espantapájaros, y nos estamos preguntando cómo podríamos rescatarlo.

—¿Dónde está? —preguntó la Cigüeña.

—Allí, en el río —señaló la niña.

—Si no fuese tan grande y pesado, yo os lo podría traer —observó la Cigüeña.

—No es nada pesado —se apresuró a decir Dorothy— porque está relleno de paja, y si nos lo traes te lo agradeceremos eternamente.

—Bueno, lo intentaré —dijo la Cigüeña—, pero si veo que es muy pesado tendré que dejarlo caer nuevamente al agua.

Así pues, el gran pájaro echó a volar hasta donde estaba el Espantapájaros colgado en su pértiga. Luego, con sus grandes garras cogió al Espantapájaros por un brazo y lo llevó de vuelta a la orilla, en donde estaban sentados Dorothy, el León, el Leñador de Hojalata y Toto.

Cuando el Espantapájaros se encontró nuevamente entre sus amigos estaba tan contento que los abrazó a todos, incluso al León y a Toto, y conforme iban caminando cantaba: ¡Olé - olé - oh! a cada paso, tan feliz se sentía.

—Me aterraba la idea de tener que permanecer en el río para siempre —dijo—, pero la bondadosa Cigüeña me rescató, y si alguna vez consigo algo de seso, buscaré a la Cigüeña y le devolveré el favor.

—No hay de qué —dijo la Cigüeña, que iba volando junto a ellos—. Siempre me agrada ayudar a quien tiene

un problema. Pero debo irme ahora, porque mis críos me están esperando en el nido. Espero que encontréis la Ciudad Esmeralda y que Oz el Grande os ayude.

—Gracias —dijo Dorothy, y entonces la bondadosa Cigüeña se elevó y pronto se perdió de vista.

Siguieron su marcha escuchando el canto de los pajarillos de vivos colores y mirando las hermosas flores que ahora se habían hecho tan abundantes que el suelo parecía recubierto. Eran grandes capullos amarillos, blancos y púrpura, además de grandes macizos de rojas amapolas, de color tan brillante que casi deslumbraban a Dorothy.

—¿Verdad que son bonitas? —preguntó la niña.

—Supongo que sí —respondió el Espantapájaros—. Cuando tenga sesos seguramente me gustarán más.

—Si tuviera corazón las amaría —añadió el Leñador de Hojalata.

—Siempre me gustaron las flores —dijo el León—. Parecen tan indefensas y frágiles. Pero en el bosque no hay ninguna de colores tan vivos.

Más adelante se toparon con grupos cada vez más numerosos de grandes amapolas rojas, y cada vez menos de las otras flores, y pronto se encontraron en medio de un gran prado repleto de amapolas. Ahora bien, es de sobra conocido el hecho de que cuando hay muchas de estas flores juntas, su perfume es tan fuerte que cualquiera que lo respire se aletarga, y si al durmiente no lo apartan del aroma de las flores sigue durmiendo y durmiendo para siempre. Pero Dorothy no lo sabía, ni podía alejarse de las brillantes flores rojas, que abundaban por todas partes, y así, pronto los párpados empezaron a cerrársele y sintió la necesidad de sentarse a dormir.

Pero el Leñador de Hojalata no la dejó hacerlo.

—Debemos apresurarnos y volver al camino de ladrillos dorados antes de que oscurezca —dijo; y el Espantapájaros estuvo de acuerdo. De manera que siguieron caminando hasta que Dorothy ya no podía mantenerse en pie. Sus ojos se cerraron sin que pudiese evitarlo, y olvidó dónde estaba y cayó entre las amapolas, profundamente dormida.

—¿Qué haremos? —preguntó el Leñador de Hojalata.

—Si la dejamos aquí, morirá —dijo el León—. El olor de las flores nos está aniquilando a todos. Yo mismo apenas si puedo mantener los ojos abiertos, y el perro ya está dormido.

Era verdad. Toto había caído junto a su amita. Pero al Espantapájaros y al Leñador de Hojalata, como no estaban hechos de carne, no los afectaba el aroma de las flores.

—Corre rápido —dijo el Espantapájaros al León— y sal de este campo letal lo antes que puedas. Nosotros nos llevaremos a la muchachita, pero si tú te duermes, eres demasiado grande para cargarte.

Así pues, el León se desperezó y avanzó a saltos tan rápido como pudo. En un momento se había perdido de vista.

—Hagamos una silla de manos, y llevémosla —dijo el Espantapájaros. Así que recogieron a Toto y lo pusieron sobre la falda de Dorothy, y luego hicieron un asiento con sus manos de forma que sus brazos también le servían de apoyo, y llevaron a la niña dormida a través de las flores.

Caminaron y caminaron, y parecía como si el tapiz de flores mortales que los cercaba no fuese a acabar nunca. Siguieron las curvas del río y finalmente llegaron donde estaba tumbado su amigo el León, durmiendo tranquilamente entre las amapolas. Las flores habían sido demasiado fuertes para la enorme fiera y finalmente se había dado por vencida, habiendo caído cuando quedaba muy poco para el final del campo de amapolas, allí donde la alegre pradera se extendía en verdes manchones.

—No podemos hacer nada por él —dijo el Leñador de Hojalata, tristemente—, porque es demasiado pesado para levantarlo. Debemos dejarlo dormido aquí para siempre, y quizá sueñe que por fin ha encontrado valor.

—Lo siento —dijo el Espantapájaros—. El León era un buen camarada, aunque fuese tan cobarde. Pero continuemos la marcha .

Llevaron a la niña dormida hasta un hermoso rincón junto al río, lo bastante alejado del campo de amapolas como para que no pudiese seguir respirando el veneno de las flores, y allí la tendieron suavemente sobre la blanda hierba y aguardaron a que la fresca brisa la despertase.

LA REINA DE LOS RATONES CAMPESTRES

—No podemos estar lejos del camino de ladrillos dorados ahora —observó el Espantapájaros, de pie junto a Dorothy—, porque hemos retrocedido casi tanto como nos arrastró el río.

El Leñador de Hojalata estaba a punto de responderle cuando escuchó un sordo gruñido, y volviendo la cabeza (que funcionaba perfectamente sobre sus goznes) vio venir hacia ellos un extraño animal dando saltos sobre el césped. Era un gran Gato Montés amarillo, y el Leñador pensó que debía estar cazando algo, porque llevaba las orejas tiesas, y las fauces muy abiertas, mostrando dos hileras de feos colmillos, mientras sus ojos rojizos brillaban como bolas de fuego. Cuando se aproximó más, el Leñador de Hojalata vio que corriendo delante de la fiera iba un ratoncito campestre, y aunque no tenía corazón sabía que era malo que el Gato Montés tratara de matar a una criatura tan bonita e inofensiva.

Así que levantó su hacha y en el instante en que el Gato Montés pasaba corriendo dio un rápido golpe que separó limpiamente la cabeza del cuerpo del animal, que rodó a sus pies en dos pedazos.

El ratón campestre, apenas se vio libre de su enemigo, se detuvo en el acto, y acercándose lentamente al Leñador dijo, con una vocecita chillona:

—¡Oh, gracias! Muchas gracias por salvarme la vida.

—Por favor, pierde cuidado —replicó el Leñador—. Yo no tengo corazón, ¿sabes?, así es que me cuido de ayudar a todo el que pueda necesitar un amigo, aunque solo sea un ratón.

—¡Solo un ratón! —gritó el animalito, furioso—. ¡Vaya, yo soy una Reina; la Reina de todos los ratones campestres!

—¡Caramba! —dijo el Leñador, haciéndole una reverencia.

—Por lo tanto has ejecutado una gran hazaña, y muy valiente por cierto, al salvarme la vida —agregó la Reina.

En ese momento vieron muchos ratones corriendo hacia ellos con toda la velocidad que les daban sus patitas, y al ver a su Reina, exclamaron:

—¡Oh, Majestad, creímos que os habían asesinado! ¿Cómo hicisteis para escapar del gran Gato Montés? —y todos se inclinaron tan profundamente ante la pequeña Reina que casi se clavaron de cabeza.

—Este divertido hombre de hojalata —contestó ella— mató al Gato Montés y me salvó la vida. Así que en lo sucesivo debéis servirlo todos, y obedecer sus mínimos deseos.

—¡Así será! —gritaron todos los ratones, con un coro de chillidos. Y luego se dispersaron en todas direcciones, porque Toto había despertado de su sueño, y al ver todos estos ratones a su alrededor ladró de felicidad y saltó en medio del grupo. A Toto siempre le había gustado, cuando vivía en Kansas, perseguir ratones y no veía nada malo en ello.

Pero el Leñador de Hojalata tomó en brazos al perro y lo sujetó con firmeza, mientras gritaba a los ratones:

—¡Regresad! ¡Regresad! Toto no os hará daño.

Al oír esto la Reina de los ratones sacó la cabeza de entre la hierba y preguntó, con tímida voz:

—¿Estáis seguro de que no nos morderá?

—No temáis, no le dejaré hacerlo —dijo el Leñador de Hojalata.

Los ratones se acercaron temerosos, uno a uno, y Toto no volvió a ladrar, aunque trató de soltarse de los brazos del Leñador, y le habría mordido si no hubiese sabido que estaba hecho de hojalata. Finalmente uno de los ratones más grandes habló.

—¿Hay algo que podamos hacer —preguntó—, para retribuiros el que hayáis salvado la vida de nuestra Reina?

—Nada que yo sepa —respondió el Leñador; pero el Espantapájaros, que había estado intentando pensar, pero no podía porque su cabeza estaba rellena de paja, dijo rápidamente:

—¡Oh, sí! Podéis salvar a nuestro amigo, el León Cobarde que está dormido en el campo de amapolas.

—¡Un león! —exclamó la pequeña Reina—. Pero si nos comería a todos.

—Oh, no —declaró el Espantapájaros—, este león es un cobarde.

—¿De verdad? —preguntó la ratita.

—Él mismo lo dice —respondió el Espantapájaros—, y jamás haría daño a ningún amigo nuestro. Si nos ayudáis a salvarlo os doy mi palabra que os tratará a todos con cortesía.

—Muy bien —dijo la Reina—, tenemos confianza en vosotros. ¿Pero qué haremos?

—¿Os reconocen como reina y están dispuestos a obedeceros muchos ratones?

—Oh, sí; miles —replicó esta.

—Entonces mandad que acudan con la mayor brevedad, y que cada uno traiga un largo trozo de cuerda.

La Reina se volvió hacia los ratones que le servían y les dijo que fueran pronto a convocar a todo su pueblo.

Apenas escucharon sus órdenes, salieron corriendo en todas direcciones, tan rápido como podían.

—Ahora —dijo el Espantapájaros al Leñador de Hojalata—, debes ir a esos árboles junto al río y hacer un carro para transportar al León.

El Leñador fue al instante hasta los árboles y se puso a trabajar, y pronto hizo un carro con ramas a las que cortó ramitas y hojas. Las unió con clavijas de madera; e hizo las cuatro ruedas con el tronco de un árbol. Trabajó tan rápidamente, que cuando empezaron a llegar los ratones ya estaba completamente listo el carro.

Llegaron desde todas las direcciones, y los había a miles: ratones grandes, pequeños y medianos; cada uno con un trozo de cuerda en la boca. Fue aproximadamente ese el momento en que Dorothy despertó de su largo sueño y abrió los ojos. Se sorprendió muchísimo de verse tendida en la hierba rodeada de miles de ratones que la miraban con timidez. Pero el Espantapájaros le contó todo lo sucedido, y volviéndose a la pequeña Reina ratonil, dijo:

—Permíteme presentarte a su Majestad, la Reina.

Dorothy inclinó muy seria la cabeza y la Reina hizo una reverencia, después se hizo muy amiga de la muchachita.

El Espantapájaros y el Leñador empezaron entonces a amarrar los ratones al carro usando las cuerdas que estos habían traído. Un extremo de la cuerda se ataba al cuello de un ratón y el otro extremo al carro. Naturalmente el carro era mil veces mayor que cualquiera de los ratones que había de arrastrarlo, pero cuando todos los ratones habían sido atados, pudieron tirar con gran facilidad. Incluso el Espantapájaros y el Leñador de Hojalata pudieron sentarse en él y sus extraños caballitos los llevaron rápidamente donde reposaba dormido el León.

Después de un largo y fatigoso trabajo, porque el León era pesado, se las compusieron para subirlo al carro. Entonces la Reina, rápidamente, dio a su pueblo la orden de partir, porque temía que si los ratones se quedaban mucho rato entre las amapolas también se dormirían.

Al principio, los animalitos, pese a ser tantos, apenas si podían mover el carro con tan pesada carga, pero el Leñador y el Espantapájaros lo empujaron desde atrás y así pudieron avanzar mejor. Pronto sacaron al León del campo de amapolas a las verdes praderas, en donde podía volver a respirar el aire puro y fresco, en vez del letal perfume de las flores.

Dorothy fue a su encuentro y agradeció efusivamente a los ratoncillos el haber salvado a su compañero de la muerte. Se había apegado tanto con el gran León que estaba contenta de que le hubiesen rescatado.

Entonces desataron del carro a los ratones, que se esparcieron corriendo por el césped hacia sus hogares. La última en irse fue la Reina de los ratones.

—Si alguna vez nos volvéis a necesitar —dijo—, venid al campo y llamad, y os escucharemos y vendremos en vuestro auxilio. ¡Adiós!

—¡Adiós! —dijeron todos, y la Reina se fue corriendo, mientras Dorothy sujetaba firmemente a Toto para que no echase a correr tras ella y la espantase.

Después se sentaron junto al León a esperar que despertase; y el Espantapájaros trajo a Dorothy un poco de fruta de un árbol cercano que le sirvió de cena.

EL GUARDIÁN DE LAS PUERTAS

Transcurrió cierto tiempo antes de que despertara el León Cobarde, porque había estado largo rato tendido entre las amapolas, aspirando su letal fragancia. Pero cuando abrió los ojos y se bajó del carro estuvo muy contento de encontrarse vivo todavía.

—Corrí lo más rápido que pude —dijo, sentándose y bostezando—, pero las flores fueron más fuertes que yo. ¿Cómo me sacasteis?

Entonces le hablaron de los ratones campestres, y de cómo le habían salvado generosamente de la muerte, y el León Cobarde rio, y dijo:

—Siempre me había considerado muy grande y terrible, y no obstante unas cositas pequeñas como las flores casi me matan, y unos animalitos pequeños como los ratones me han salvado la vida. ¡Qué extraño es todo esto! Pero, compañeros, ¿qué haremos ahora?

—Debemos continuar el viaje hasta que encontremos el camino de ladrillo dorado nuevamente —dijo Dorothy—, y entonces podremos proseguir hasta la Ciudad Esmeralda.

Así pues, cuando el León estuvo totalmente reposado y se restableció, reemprendieron la marcha, disfrutando mucho de la caminata por la hierba fresca y suave, y al poco rato habían llegado al camino de ladrillos dorados y se enrumbaban otra vez hacia la Ciudad Esmeralda en donde habitaba el Gran Oz.

El camino era llano y estaba bien pavimentado ahora, y la región circundante era hermosa, por lo que los viajeros se alegraron de haber dejado el bosque, y con él todos los peligros con que se habían topado en sus tétricas espesuras. Una vez más pudieron ver vallas levantadas junto al camino, pero estaban pintadas de verde, y cuando llegaron a una casita, en la que evidentemente vivía un granjero, también estaba pintada de verde. Pasaron frente a varias de estas casas durante la tarde, y a veces se asomaba gente a las puertas y los miraba como si quisieran hacerles preguntas, pero ninguno se acercó ni les habló por temor al gran León. Todo el mundo llevaba ropas de un bonito color verde esmeralda y usaban sombreros puntiagudos como los de los Munchkins.

—Esta debe ser la tierra de Oz —dijo Dorothy—, y ciertamente nos estamos aproximando a la Ciudad Esmeralda.

—Sí —contestó el Espantapájaros—. Todo es verde aquí, mientras que en el país de los Munchkins era el azul el color preferido. Pero la gente no parece ser tan amistosa como los Munchkins, y me temo que no podremos encontrar un lugar donde hospedarnos.

—Me gustaría comer algo más que fruta —dijo la niña—, y estoy segura de que Toto está casi muerto de hambre. Detengámonos en la próxima casa y hablemos con la gente.

Así pues, cuando llegaron a una granja de regular tamaño, Dorothy caminó con determinación hasta la puerta y llamó.

Una mujer la entreabrió lo suficiente como para mirar hacia afuera y dijo:

—¿Qué deseas, niña, y por qué vas con ese gran León?

—Deseamos pasar la noche aquí, si nos lo permites —respondió Dorothy—, y el León es mi amigo y camarada, y no te haría daño por nada del mundo.

—¿Es manso? —preguntó la mujer abriendo la puerta un poco más.

—Oh, sí —dijo la niña—, y es también un gran cobarde. Estará más atemorizado de vosotros, que vosotros de él.

—Bueno —dijo la mujer después de pensarlo y de echarle otra mirada al León—, si es así podéis entrar, y os daré algo de cenar y un lugar para dormir.

Así pues, entraron en la casa, donde, además de la mujer, había dos niños y un hombre. Este se había herido una pierna y reposaba en un sofá, en un rincón. Parecieron sorprenderse muchísimo al ver un grupo tan raro, y mientras la mujer se ocupaba en poner la mesa, el hombre preguntó:

—¿Adónde vais todos?

—A la Ciudad Esmeralda —dijo Dorothy—, a ver al Gran Oz.

—¡De veras! —exclamó el hombre—. ¿Estáis seguros de que Oz querrá veros?

—¿Por qué no? —replicó ella.

—Bueno, dicen que nunca recibe a nadie. He estado varias veces en la Ciudad Esmeralda, y es un lugar extraordinario, pero jamás se me ha permitido ver al Gran Oz, ni he oído hablar de nadie que lo haya visto.

—¿No sale nunca? —preguntó el Espantapájaros.

—Nunca. Se está sentado día tras día en la gran sala del trono de su palacio, y ni siquiera los que lo sirven lo ven de frente.

—¿Qué aspecto tiene? —preguntó la niña.

—Eso es algo difícil de decir —dijo pensativamente el hombre—. Veréis, Oz es un gran Mago, y puede tomar la forma que quiera. Así es que algunos dicen que parece un pájaro, y otros dicen que parece un elefante y otros que parece un gato. Ante otros aparece como una hermosa hada, o como un trasgo, o de la forma que quiera. Pero el verdadero Oz nadie sabe cómo es, cuando está en su propia forma, ningún ser viviente puede decirlo.

—Eso es muy extraño —dijo Dorothy—, pero debemos tratar de verlo, de algún modo, o habremos hecho nuestro viaje vanamente.

—¿Por qué deseáis ver al terrible Oz? —preguntó el hombre.

—Yo quiero que me dé un poco de seso —dijo ávidamente el Espantapájaros.

—Ah, Oz podría hacer eso fácilmente —declaró el hombre.

—Y yo quiero que me dé un corazón —dijo el Leñador de Hojalata.

—Eso no será problema para él —continuó el hombre—, porque Oz tiene una gran colección de corazones, de todas formas y tamaños.

—Y yo quiero que me dé valentía —afirmó el León Cobarde.

—Oz guarda una gran olla llena de valentía en su salón del trono —dijo el hombre—, que ha tapado con un plato de oro, para evitar que se derrame. Te dará con gusto un poco.

—Y yo quiero que me envíe de vuelta a Kansas —dijo Dorothy.

—¿Dónde está Kansas? —preguntó el hombre con sorpresa.

—No lo sé —replicó melancólicamente Dorothy—, pero es mi patria, y estoy segura de que está en alguna parte.

—Muy probablemente. Bueno, Oz puede hacer cualquier cosa, hasta supongo que te encontrará Kansas. Pero primero tenéis que lograr verlo, y eso es difícil, porque al Gran Mago no le agrada ver a nadie, y por lo general se sale con la suya. ¿Pero qué quieres tú? —continuó, dirigiéndose a Toto. Este solo meneó la cola porque, huelga decirlo, no podía hablar.

En ese momento la mujer les informó que la cena estaba lista, así que se reunieron en torno a la mesa y Dorothy comió unas deliciosas gachas y un plato de huevos revueltos y otro de rico pan blanco, saboreando su comida. El León probó las gachas, pero no le interesaron, diciendo que estaban hechas de avena, y que la avena era alimento para caballos, no para leones. El Espantapájaros y el Leñador de Hojalata no comieron absolutamente nada. Toto comió un poco de todo, contento de tomar nuevamente una buena cena.

Luego la mujer dio a Dorothy una cama para dormir, y Toto se echó a su lado, mientras el León resguardaba la puerta de su cuarto para que nadie la importunara. El Espantapájaros y el Leñador de Hojalata se situaron de pie en un rincón y se mantuvieron quietos toda la noche, aunque, por supuesto, no pudieron dormir.

A la mañana siguiente, apenas salió el sol, se pusieron en marcha, y pronto vieron un hermoso resplandor verde en el cielo, frente a ellos.

—Esa debe de ser la Ciudad Esmeralda —dijo Dorothy.

Conforme avanzaban, el resplandor verde se hacía más y más brillante, y parecía que al fin se estaban acercando al término de su travesía. Y sin embargo ya era por la tarde cuando llegaron a la gran muralla que cercaba la Ciudad. Era alta y sólida y de un color verde brillante.

Frente a ellos, al extremo del camino de ladrillos dorados, había una gran puerta, totalmente cubierta de esmeraldas que destellaban de tal manera al sol que hasta los

ojos pintados del Espantapájaros quedaron deslumbrados con su fulgor.

Había un timbre junto a la puerta, y Dorothy pulsó el botón y escuchó cómo dentro se oía un tintinear vibrante. Entonces la gran puerta se abrió lentamente, y todos ellos atravesaron el umbral y se encontraron en una elevada sala abovedada, en cuyas paredes centelleaban innumerables esmeraldas.

Ante ellos se erguía un hombrecito de tamaño semejante al de los Munchkins. Vestía entero de verde, de la cabeza a los pies, y hasta su piel tenía un tinte verdoso. A su lado había un gran baúl verde.

Cuando vio a Dorothy y sus compañeros, el hombre preguntó:

—¿Qué buscáis en la Ciudad Esmeralda?

—Venimos a ver al Gran Oz —dijo la niña.

El hombre quedó tan asombrado con esta respuesta que se sentó a meditarla.

—Han pasado muchos años sin que alguien me pidiese ver a Oz —dijo, meneando perplejo la cabeza—. Él es poderoso y terrible, y si venís con un propósito ocioso o absurdo a perturbar las sabias meditaciones del Gran Mago, podría enfurecerse y destruiros a todos en un instante.

—Pero no es un propósito absurdo, ni ocioso —replicó el Espantapájaros—, es importante. Y nos han dicho que Oz es un buen Mago.

—Sí lo es —dijo el hombrecillo verde—, y gobierna sabiamente la Ciudad Esmeralda. Pero con aquellos que no son honestos, o que se le acercan por curiosidad, es espantoso y terrible, y pocos se han atrevido a pedir ver su rostro. Yo soy el Guardián de las Puertas, y como habéis solicitado ver al Gran Oz debo llevaros a su palacio. Pero primero debéis colocaros gafas.

—¿Por qué? —preguntó Dorothy.

—Porque si no llevarais gafas el brillo y esplendor de la Ciudad Esmeralda os cegaría. Incluso sus habitantes deben usar gafas día y noche. Están todas guardadas bajo llave, porque así lo ordenó Oz cuando se construyó la Ciudad por primera vez, y yo tengo la única llave que puede sacarlas.

Abrió el gran baúl, y Dorothy vio que estaba lleno de gafas de todos los tamaños y formas. Todas tenían cristales verdes. El Guardián de las Puertas encontró un par que le fuera bien a Dorothy y se las puso. Llevaban sujetas dos correas doradas que pasaron por detrás de su cabeza, en donde el Guardián de las Puertas las acerrojó una con otra con una llavecita que llevaba colgada al cuello con una cadena. Una vez puestas, Dorothy no se las habría podido quitar ni aunque hubiese querido, y como no estaba dispuesta a que la cegara el resplandor de la Ciudad Esmeralda, no comentó nada.

Luego el hombrecillo verde colocó gafas al Espantapájaros, al Leñador de Hojalata y al León, y hasta al pequeño Toto, y cerró todas ellas con la llavecita.

Después de esto, el Guardián de las Puertas se puso sus propias gafas y les dijo que estaba dispuesto a mostrarles el camino al palacio. Retirando una gran llave de oro de un colgador clavado en la pared, abrió otra puerta y atravesando el umbral le siguieron todos hasta las calles de la Ciudad Esmeralda.

LA MARAVILLOSA CIUDAD ESMERALDA DE OZ

El brillo de la maravillosa Ciudad encandiló al principio a Dorothy y sus amigos, aun llevando los ojos protegidos por las gafas verdes. En las calles se alzaban hermosas casas, todas construidas de verde mármol y tachonadas por doquier de deslumbrantes esmeraldas. Caminaban sobre un pavimento del mismo mármol verde, y donde se juntaban los bloques había hileras de esmeraldas, engastadas una junto a otra y destellando con el resplandor del sol. Los cristales de las ventanas eran de vidrio verde. Hasta el cielo sobre la Ciudad tenía un tono verde, y los rayos del sol eran verdes.

Había mucha gente —hombres, mujeres y niños— deambulando, y todos ellos vestían ropas verdes y tenían una piel verdosa. Miraban a Dorothy y a la extraña comitiva con ojos estupefactos, y todos los niños corrieron a esconderse detrás de sus madres al ver al León, y nadie les habló. En la calle había muchas tiendas, y Dorothy vio que en ellas todo era verde. Caramelos verdes y verdes palomitas de maíz se ofrecían a la venta, como también zapatos verdes, sombreros verdes y ropa verde de todo tipo. En un lugar había un hombre vendiendo limonada verde, y cuando los niños la compraron, Dorothy pudo ver que la pagaban con moneditas verdes.

Al parecer, no había caballos ni animales de ninguna especie. Los hombres llevaban las cosas en pequeños carros que iban empujando. Todos parecían felices y prósperos.

El Guardián de las Puertas les condujo a través de las calles hasta que llegaron a un gran edificio, situado justamente en el centro de la Ciudad, que era el Palacio de Oz, el Gran Mago. En la puerta había un soldado, vestido de uniforme verde, con una larga barba verde.

—Estos son unos extranjeros —le dijo el Guardián de las Puertas— que piden ver al Gran Oz.

—Entrad —dijo el soldado—, y yo llevaré vuestro mensaje.

Atravesaron las puertas del Palacio y fueron conducidos hasta una gran sala con una alfombra verde y unos bonitos muebles verdes con incrustaciones de esmeraldas. El soldado hizo que todos se limpiaran los pies en una alfombrilla verde antes de entrar en esa sala, y cuando estuvieron sentados les dijo cortésmente:

—Por favor, poneos cómodos mientras voy hasta la puerta del Salón del Trono y le digo a Oz que se encuentran aquí.

Tuvieron que esperar largo rato hasta que regresó el soldado. Cuando por fin volvió, Dorothy le preguntó:

—¿Has logrado ver a Oz?

—Oh, no —replicó el soldado—. Nunca le he visto. Pero le hablé mientras permanecía sentado detrás de un biombo, y le di vuestro mensaje. Dijo que os otorgará una entrevista, si así lo deseáis, pero que cada uno de vosotros debe entrar en su presencia solo, y solo admitirá a uno cada día. En tal sentido, como debéis permanecer en el Palacio varios días, tendré que mostraros vuestras habitaciones, en las que podréis descansar de vuestro viaje.

—Gracias —respondió la niña—, es muy amable por parte de Oz.

El soldado sopló entonces un silbato verde, y al instante una muchacha vestida con una bonita túnica de seda verde entró en la sala. Tenía un hermosísimo cabello verde y ojos verdes, e hizo una gran reverencia ante Dorothy, diciendo:

—Sígueme y te mostraré tu habitación.

Dorothy se despidió de todos sus amigos excepto de Toto, y cargando al perro en brazos siguió a la muchacha verde por siete corredores y tres tramos de escaleras ascendentes hasta llegar a una habitación que daba a la fachada del Palacio. Era el cuartito más simpático del mundo, con una cama blanda y cómoda, con sábanas de seda verde y un cubrecama de terciopelo verde. En medio del cuarto había una fuentecilla, de la que surgía un chorro de verde perfume, para caer otra vez en un estanque de mármol verde hermosamente tallado. En las ventanas había preciosas flores verdes, y había una estantería con una hilera de libritos verdes. Cuando Dorothy tuvo tiempo de abrirlos los halló repletos de extrañas figuras verdes que la hicieron reír, por lo divertidas que eran.

En un guardarropa había muchos vestidos verdes, hechos de seda, satén y terciopelo, y todos le quedaban adecuados a Dorothy.

—Confío en que te sientas como en tu casa —dijo la muchacha verde—, y si deseas algo, haz sonar la campanilla. Oz enviará a buscarte mañana por la mañana.

Dejó sola a Dorothy y volvió donde los demás, a los que condujo también a sus habitaciones, y cada uno de ellos se encontró alojado en una parte muy agradable del Palacio. Naturalmente que esa cortesía estaba de más con el Espantapájaros, porque cuando se encontró solo en su habitación se quedó estúpidamente de pie en el mismo sitio, junto al umbral, a esperar hasta la mañana. No le habría descansado tenderse, y no podía cerrar los ojos, de manera que permaneció toda la noche observando una arañita que estaba tejiendo su tela en una esquina del cuarto, como si no tuviese una de las habitaciones más maravillosas del mundo. El Leñador de Hojalata se tendió en su cama por la fuerza de la costumbre, pues se acordaba de cuando estaba hecho de carne, pero no pudiendo dormir, pasó toda la noche moviendo hacia uno y otro lado sus articulaciones para asegurarse de que se mantenía en forma. El León habría preferido una cama de hojas secas en el bosque, y no le agradó quedar encerrado en un cuarto, pero era demasiado reflexivo como para dejar que esto le preocupara, de manera que saltó sobre la cama y se acurrucó como un gato y ronroneó hasta que al minuto se durmió.

A la mañana siguiente, después del desayuno, la doncella verde vino a buscar a Dorothy, y la vistió con uno de los vestidos más bonitos —hecho de satén verde damasquinado—. Dorothy se puso un delantal de seda verde y ató una cinta verde al cuello de Toto, y se pusieron en marcha hacia el Salón del Trono del Gran Oz.

Llegaron primero a un gran vestíbulo en donde había muchas damas y caballeros de la corte, todos ataviados con elegantes ropajes. Esta gente no tenía nada que hacer excepto hablar unos con otros, pero siempre venían a aguardar fuera del Salón del Trono cada mañana, aunque nunca se les permitía ver a Oz. Al entrar Dorothy la miraron con curiosidad y uno de ellos susurró:

—¿Va usted a ver verdaderamente cara a cara a Oz el Terrible?

—Por supuesto —respondió la niña—, si él quiere verme.

—Oh, él te verá —dijo el soldado que había llevado al Mago el mensaje de Dorothy—, aunque no le gusta que la gente pida verlo. En efecto, al principio estaba furioso y dijo que debía enviarte de vuelta al lugar de donde venías. Luego me preguntó qué aspecto tenías, y cuando aludí tus zapatos de plata, se interesó mucho. Finalmente mencioné la marca sobre tu frente, y decidió aceptarte en su presencia.

En ese instante sonó una campanilla y la muchacha verde dijo a Dorothy:

—Esa es la señal. Debes entrar sola en el Salón del Trono.

Abrió una puertecita y Dorothy avanzó con decisión y se encontró en un lugar maravilloso. Era una gran sala circular con un elevado techo abovedado, y las paredes y el cielo raso y el piso estaban cubiertos con grandes esmeraldas engastadas una junto a otra. En el centro del techo había una gran luz, tan brillante como el sol, que hacía relumbrar las esmeraldas de un modo maravilloso.

Pero lo que más interesó a Dorothy fue el gran trono de mármol verde que se alzaba en medio del salón. Tenía forma de silla y resplandecía de joyas, como todo lo demás. En el centro de la silla había una enorme cabeza, sin cuerpo que la sostuviera, ni brazos ni piernas de ninguna clase. No había pelo sobre esta cabeza, pero tenía ojos, nariz y boca, y era mucho más grande que la cabeza del gigante más enorme.

Mientras Dorothy contemplaba esto con asombro y miedo, los ojos giraron lentamente y la miraron, penetrantes. Luego se movió la boca, y Dorothy oyó una voz que decía:

—Yo soy Oz, el Grande y Terrible. ¿Quién eres, y por qué me buscas?

No era una voz tan terrible como la que había esperado de la gran Cabeza; de manera que se armó de valor y respondió:

—Yo soy Dorothy, la Pequeña y Humilde. He venido a solicitarte ayuda.

Los ojos la miraron pensativos durante un minuto. Luego la voz dijo:

—¿Dónde conseguiste esos zapatos de plata?

—Los obtuve de la Malvada Bruja del Este, cuando mi casa cayó encima de ella y la mató —replicó.

—¿Dónde conseguiste la marca sobre tu frente? —continuó la voz.

—Ahí me besó la buena Bruja del Norte cuando me despidió y me envió hacia ti —dijo la niña.

Nuevamente los ojos la miraron, escrutadores, y vieron que estaba diciendo la verdad. Luego Oz preguntó:

—¿Qué deseas que haga por ti?

—Envíame de vuelta a Kansas, en donde están mi tía Em y mi tío Henry —contestó seriamente—. No me gusta tu país, aunque sea tan bonito. Y estoy segura de que tía Em estará terriblemente preocupada al ver que me ausento tanto.

Los ojos parpadearon tres veces, y giraron hacia el techo y bajaron hacia el suelo y luego dieron vueltas de manera tan rara que parecían ver cada una de las partes de la sala. Finalmente volvieron a clavarse sobre Dorothy.

—¿Por qué tendría que hacer esto por ti? —preguntó Oz.

—Porque tú eres fuerte y yo soy débil; porque tú eres un Gran Mago y yo soy solo una niñita desvalida.

—Pero fuiste lo bastante fuerte como para matar a la Malvada Bruja del Este —dijo Oz.

—Eso sucedió solo —replicó Dorothy con sencillez—. Yo no pude impedirlo.

—Bueno —dijo la Cabeza—, te daré mi respuesta. No tienes derecho a esperar que te envíe de regreso a Kansas, a menos que hagas algo por mí a cambio. En este país todo el mundo debe pagar cada cosa que obtiene. Si deseas que use mi mágico poder para enviarte de regreso a casa, debes hacer primero algo por mí. Ayúdame y yo te ayudaré.

—¿Qué debo hacer? —preguntó la niña.

—Matar a la Malvada Bruja del Oeste —respondió Oz.

—¡Pero si yo no puedo! —exclamó Dorothy, muy sorprendida.

—Tú mataste a la Malvada Bruja del Este y llevas los zapatos de plata, que tienen un poderoso encantamiento. Ahora no queda sino una Malvada Bruja en toda esta tierra, y cuando puedas decirme que está muerta, te enviaré de regreso a Kansas, pero antes no.

La niña se echó a llorar, estaba tan desilusionada, y los ojos parpadearon nuevamente y la miraron con ansiedad, como si al Gran Oz le pareciera que ella podía ayudarlo si quisiera.

—Nunca maté a nadie voluntariamente —sollozó Dorothy—, y aun si quisiera hacerlo, ¿cómo podría matar a la Malvada Bruja? Si tú, que eres Grande y Terrible, no puedes matarla, ¿cómo esperas que lo haga yo?

—No lo sé —dijo la Cabeza—, pero esa es mi respuesta, y hasta que muera la Malvada Bruja no volverás a ver a tu tío y tu tía. Recuerda que la Bruja es malvada (tremendamente malvada) y debe morir. Márchate ahora y no pidas verme hasta que hayas cumplido tu misión.

Dorothy salió desolada del Salón del Trono y volvió donde el León, el Espantapájaros y el Leñador de Hojalata estaban esperando para oír lo que Oz le había dicho.

—No hay esperanza para mí —dijo ella tristemente—, porque Oz no me enviará de regreso a casa hasta que yo no mate a la Malvada Bruja del Oeste, y eso no podré hacerlo nunca.

Sus amigos lo lamentaron, pero no podían hacer nada para ayudarla, así que Dorothy fue a su habitación y se tumbó sobre la cama y lloró hasta dormirse.

A la mañana siguiente, el soldado de patillas verdes llegó donde el Espantapájaros y le dijo:

—Ven conmigo. Oz me ha enviado a buscarte.

El Espantapájaros le siguió y fue recibido en el gran Salón del Trono, en donde vio, sentada en el trono de esmeraldas, a una bellísima dama. Vestía de seda verde y sobre sus exuberantes rizos verdes llevaba una enorme corona cuajada de joyas. De sus hombros nacían unas alas, de colores espléndidos, y tan livianas que se agitaban cuando las rozaba el más ligero soplo de aire.

Cuando el Espantapájaros hubo hecho su reverencia, con tanta elegancia como se lo permitía su relleno de paja, ante esta hermosa criatura, ella lo miró con dulzura, y dijo:

—Yo soy Oz, el Grande y Terrible. ¿Quién eres y por qué me buscas?

El Espantapájaros, que había esperado ver la gran Cabeza de que le había hablado Dorothy, estaba muy sorprendido, pero respondió valientemente:

—Yo soy solo un Espantapájaros, relleno de paja. Por lo tanto, no tengo sesos, y vengo a rogarte que pongas sesos en mi cabeza en vez de paja, para que pueda llegar a ser un hombre como cualquier otro de tus dominios.

—¿Por qué tendría yo que hacer eso por ti? —preguntó la Dama.

—Porque eres sabia y poderosa, y nadie más puede ayudarme —respondió el Espantapájaros.

—Jamás otorgo favores sin algo a cambio —dijo Oz—, pero te prometo que si matas a la Malvada Bruja del Oeste te otorgaré muchísimos sesos, tan buenos que serás el hombre más sabio de toda la tierra de Oz.

—Creí que habías pedido a Dorothy que matara a la Bruja —dijo el Espantapájaros sorprendido.

—Así lo hice. No me importa quién la mate. Pero no te concederé tu deseo hasta que no esté muerta. Vete ahora, y no me busques de nuevo hasta que no te hayas ganado los sesos que tanto deseas.

El Espantapájaros volvió afligido donde sus amigos y les contó lo que había dicho Oz. A Dorothy le sorprendió descubrir que el Gran Mago de Oz no era una Cabeza, tal como ella lo había visto, sino una Hermosa Dama.

—De todas maneras —dijo el Espantapájaros—, a ella le hace tanta falta un corazón como al Leñador de Hojalata.

A la mañana siguiente el soldado de las patillas verdes llegó donde el Leñador de Hojalata y le dijo:

—Oz me envía a buscarte. Sígueme.

El Leñador de Hojalata le siguió y llegó al gran Salón del Trono. No sabía si encontraría a Oz convertido en una Hermosa Dama o en una Cabeza, pero esperaba que fuese la Hermosa Dama. «Porque», se decía, «si es la Cabeza, seguro que no me dará un corazón, puesto que una Cabeza no tiene corazón y por consiguiente no puede sentir nada por mí. Pero si es la Hermosa Dama le rogaré encarecidamente que me dé un corazón, pues se dice que las damas tienen un corazón tierno».

Pero cuando entró en el gran Salón del Trono no vio ni la Cabeza ni a la Dama, porque Oz había adoptado la forma de una Fiera espeluznante. Era casi tan grande como un elefante, y el trono verde apenas si parecía lo bastante fuerte como para soportar su peso. La fiera tenía cabeza de rinoceronte, solo que en su cara había cinco ojos. De su cuerpo salían cinco brazos y también tenía cinco piernas largas y delgadas. Estaba absolutamente cubierta de un pelo grueso y lanoso, y sería imposible imaginar un monstruo más horripilante. Fue una suerte que el Leñador de Hojalata no tuviese corazón en ese momento, porque le habría latido rápido y con fuerza de puro espanto. Pero siendo de hojalata, no se asustó de ninguna manera, aunque estaba muy desilusionado.

—Yo soy un Leñador, y estoy hecho de hojalata. Por consiguiente no tengo corazón, y no puedo amar. Te ruego que me des un corazón para que pueda ser como los demás hombres.

—¿Por qué habría de hacerlo? —preguntó la Fiera.

—Porque yo lo pido, y solo tú puedes otorgar mi petición —contestó el Leñador.

Oz soltó un hondo gruñido al oír esto, pero dijo, malhumorado:

—Si de verdad deseas un corazón, debes ganarlo.

—¿Cómo? —preguntó el Leñador.

—Ayuda a Dorothy a matar a la Malvada Bruja del Oeste —replicó la Fiera—. Cuando la Bruja haya muerto, ven a mí y te daré el corazón más grande, más amable y más amante de toda la Tierra de Oz.

Así pues, el Leñador de Hojalata se vio obligado a regresar apenado junto a sus amigos y a hablarles de la terrible Fiera que había visto. Todos se asombraron muchísimo de las muchas formas que podía asumir el gran Mago, y el León dijo:

—Si es una Fiera cuando yo vaya a verlo, rugiré a más no poder, y lo asustaré de tal manera que me concederá todo lo que le pida. Y si es la hermosa Dama, fingiré que salto sobre ella, y la obligaré así a hacer mi voluntad. Y si es la gran Cabeza, estará a mi merced, porque la haré rodar por todo el salón hasta que prometa darme lo que deseo. Así que no se preocupen, amigos, porque todo se arreglará.

A la mañana siguiente el soldado de las barbas verdes condujo al León al gran Salón del Trono y le indicó que se presentara ante Oz.

El León cruzó la puerta, y al mirar vio, con gran sorpresa, que ante el trono había una Bola de Fuego, tan intenso y brillante que apenas si podía contemplarla. Lo primero que pensó fue que Oz se había incendiado por accidente y se estaba quemando, pero cuando intentó acercarse, el calor era tan intenso que le chamuscó los bigotes, y retrocedió tembloroso cerca de la puerta.

Luego una voz profunda y tranquila salió de la Bola de Fuego, y pronunció estas palabras:

—Yo soy Oz, el Grande y Terrible. ¿Quién eres y por qué me buscas?

Y el León respondió:

—Yo soy un León Cobarde, temeroso de todo. Vine a implorarte que me dieras valentía, para poder ser el Rey de la selva, como me llaman los hombres.

—¿Por qué habría yo de darte valentía? —preguntó Oz.

—Porque de todos los Magos tú eres el más grande, y el único con poder para cumplir mi deseo —contestó el León.

La Bola de Fuego ardió intensamente un rato, y la voz dijo:

—Tráeme pruebas de que la Malvada Bruja está muerta, y en ese momento te daré valentía. Pero mientras viva la Bruja seguirás siendo un cobarde.

El León se encolerizó ante estas palabras, pero no pudo contestar nada, y cuando contemplaba silencioso la Bola de Fuego esta se puso tan terriblemente caliente, que emprendió la retirada y salió corriendo de allí. Se alegró de encontrar a sus amigos esperándolo, y les contó su terrible entrevista con el Mago.

—¿Qué haremos ahora? —preguntó Dorothy con tristeza.

—Solamente podemos hacer una cosa —replicó el León—, ir al país de los Winkies, buscar a la Malvada Bruja, y destruirla.

—Pero ¿y si no podemos? —dijo la niña.

—Entonces nunca tendré valentía —declaró el León.

—Y yo nunca tendré sesos —agregó el Espantapájaros.

—Y yo nunca tendré un corazón —exclamó el Leñador de Hojalata.

—Y yo nunca veré a tía Em y tío Henry —dijo Dorothy, empezando a llorar.

—¡Ten cuidado! —gritó la muchacha verde—. Las lágrimas caerán sobre tu vestido de seda verde y lo mancharán.

Así que Dorothy se enjugó los ojos y dijo:

—Imagino que debemos intentarlo, pero no quiero matar a nadie, ni siquiera por ver de nuevo a tía Em.

—Yo te acompañaré, pero soy demasiado cobarde como para matar a la Bruja —dijo el León.

—Yo iré también —expresó el Espantapájaros—, pero no te seré de gran utilidad, siendo tan tonto como soy.

—No tengo corazón ni para lastimar a una Bruja —observó el Leñador de Hojalata—, pero si vas, te acompañaré.

Por lo tanto resolvieron emprender la marcha a la mañana siguiente, y el Leñador afiló su hacha en una piedra de amolar verde, y se hizo engrasar bien todas las articulaciones. El Espantapájaros se rellenó con paja fresca y Dorothy le puso en los ojos pintura nueva para que pudiese ver mejor. La muchacha verde, que era muy cariñosa con ellos, llenó la cesta de Dorothy con las mejores provisiones, y ató una campanilla al cuello de Toto con una cinta verde.

Se acostaron muy temprano y durmieron profundamente hasta el alba, cuando los despertó el canto de un gallo verde que vivía en el patio del palacio, y el cacareo de una gallina que había puesto un huevo verde.

LA BÚSQUEDA DE LA MALVADA BRUJA

El soldado de las patillas verdes los condujo a través de las calles de la Ciudad Esmeralda hasta que llegaron a la sala en que vivía el Guardián de las Puertas. Este funcionario les abrió la cerradura de las gafas, las volvió a poner en el gran baúl, y abrió cortésmente la puerta a nuestros amigos.

—¿Cuál es el camino que conduce hacia la Malvada Bruja del Oeste? —preguntó Dorothy.

—No hay camino —contestó el Guardián de las Puertas—. Nadie desea jamás ir en esa dirección.

—Y ¿cómo vamos a encontrarla, entonces? —inquirió la niña.

—Eso será fácil —replicó el hombre—, cuando ella sepa que estáis en el país de los Winkies os encontrará, y os convertirá a todos en sus esclavos.

—Quizá no —dijo el Espantapájaros—, porque nos proponemos destruirla.

—Oh, eso es diferente —dijo el Guardián de las Puertas—. Nadie la ha destruido nunca antes, por eso pensé que os esclavizaría, como ha hecho con el resto. Pero tened cuidado, porque es malvada y feroz, y tal vez no se deje destruir. Continuad hacia el Oeste, donde se pone el sol, y la encontraréis.

Le dieron las gracias y se despidieron de él, y se encaminaron hacia el Oeste, caminando sobre prados de suave hierba salpicada por aquí y por allá de margaritas y botones de oro. Dorothy cargaba puesto aún el hermoso vestido que se había puesto en el palacio, pero vio, con sorpresa, que ya no era de color verde, sino blanco inmaculado. La cinta que llevaba Toto en el cuello había perdido también su color verde y era tan blanca como el vestido de Dorothy.

Pronto quedó atrás la Ciudad Esmeralda. Conforme avanzaban, el terreno se hacía más escabroso y montañoso, porque no había granjas ni casas en este país del Oeste, y el terreno estaba sin arar.

Por la tarde, el sol les quemaba las caras, porque no había árboles que les brindaran sombra, de manera que antes de anochecer Dorothy y el León estaban cansados, y se echaron sobre el césped y se durmieron, mientras el Leñador y el Espantapájaros montaban guardia.

La Malvada Bruja del Oeste no tenía más que un ojo, pero este era tan poderoso como un telescopio, y podía ver por todas partes. Y sucedió que estando sentada a la puerta de su castillo, miró por casualidad alrededor y vio a Dorothy durmiendo en el suelo, con todos sus amigos alrededor. Estaban muy lejos, pero a la Malvada Bruja le irritó que estuviesen en su país, así que tocó un silbato de plata que le colgaba del cuello.

Al instante llegó corriendo hasta ella, desde todas las direcciones, una manada de grandes lobos. Tenían largas patas, feroces ojos y afilados dientes.

—Atacad a esa gente —dijo la Bruja—, y hacedles pedazos.

—¿No los vas a convertir en esclavos? —preguntó el jefe de los lobos.

—No —contestó—, uno es de hojalata, otro de paja; otro es una niña, y el otro un León. Ninguno de ellos sirve para trabajar, así que podéis hacerlos picadillo.

—Muy bien —dijo el lobo, y se lanzó a correr a toda velocidad, seguido por los demás.

Por suerte el Espantapájaros y el Leñador estaban completamente despiertos y oyeron venir a los lobos.

—Esta pelea es mía —dijo el Leñador—, así que poneos detrás de mí, y yo los recibiré conforme lleguen.

Tomó su hacha, que había dejado muy afilada, y al aproximarse el jefe de los lobos, el Leñador de Hojalata le dio un hachazo y le cortó la cabeza, matándolo en el acto. Tan pronto como pudo alzar el brazo llegó otro lobo, y también cayó bajo el cortante filo del arma del Leñador de Hojalata. Cuarenta lobos había, y cuarenta veces murió un lobo, de manera que al final yacían todos en un montón delante del Leñador.

Entonces dejó el hacha y se sentó junto al Espantapájaros, que dijo:

—¡Fue una magnifica pelea, amigo!

Esperaron a que Dorothy despertase a la mañana siguiente. La niña se asustó bastante cuando vio el gran montón de lobos peludos, pero el Leñador de Hojalata se lo contó todo. Ella le agradeció que los hubiera salvado y se sentaron a desayunar, reemprendiendo después su viaje.

Pero, esa misma mañana, la Malvada Bruja llegó a la puerta de su castillo y escrutó con su único ojo, que tan lejos podía ver. Vio todos sus lobos tendidos, muertos, y a los forasteros que seguían atravesando su país. Esto la puso más furiosa aún, y tocó dos veces su silbato.

Rápidamente concurrió volando una gran bandada de cuervos salvajes, que oscurecía el cielo.

Y la Malvada Bruja dijo al Rey Cuervo:

—Ve volando al instante hasta los forasteros; picotéales los ojos y hazlos pedazos.

Los cuervos salvajes volaron en una gran bandada hacia Dorothy y sus compañeros. Cuando la niña los vio venir se atemorizó.

Pero el Espantapájaros dijo:

—Esta batalla es mía, así que tendeos a mi lado y no sufriréis daño.

Todos se tendieron excepto el Espantapájaros, que se irguió y estiró los brazos. Y cuando los cuervos lo vieron se asustaron, como siempre les pasa con los espantapájaros, y no se atrevieron a aproximarse más. Pero el Rey Cuervo dijo:

—Es solo un hombre de paja. Le picotearé los ojos.

El Rey Cuervo se echó sobre el Espantapájaros, que lo agarró por la cabeza y le retorció el pescuezo hasta matarlo, y entonces otro cuervo voló hacia él, y el Espantapájaros le retorció asimismo el pescuezo. Cuarenta cuervos había, y cuarenta veces el Espantapájaros retorció los pescuezos, hasta que al final quedaron todos muertos junto a él. Entonces llamó a sus compañeros para que se levantaran, y otra vez restablecieron su viaje.

Cuando la Malvada Bruja miró de nuevo y vio a todos sus cuervos tendidos en un montón, le dio una ira espantosa, y sopló tres veces su silbato de plata.

En el acto se escuchó un gran zumbido en el aire y un enjambre de negras abejas vino volando hacia ella.

—Vayan a donde están los forasteros y picadles hasta que mueran —ordenó la Bruja, y las abejas dieron la vuelta y volaron rápidamente hacia Dorothy y sus amigos. Pero el Leñador las había visto venir y el Espantapájaros había resuelto lo que harían.

—Sácame la paja y espárcela sobre la niña, el perro y el León —dijo al Leñador—, y las abejas no podrán picarlos.

Así lo hizo el Leñador y como Dorothy estaba acurrucada junto al León y tenía en brazos a Toto, la paja los envolvió enteramente.

Llegaron las abejas y no encontraron a quién picar, salvo al leñador, así es que volaron hacia él y se quebraron los aguijones contra la hojalata, sin hacerle ningún año. Y como las abejas no pueden vivir cuando se les rompe el aguijón, ese fue el final de las abejas negras, y quedaron esparcidas en una gruesa capa en torno al Leñador, como montoncitos de fino carbón.

Entonces Dorothy y el León se levantaron, y la niña ayudó al Leñador de Hojalata a restablecer la paja dentro del Espantapájaros, hasta que quedó como nuevo. Y así, una vez más, reemprendieron su travesía.

Cuando vio a sus abejas negras formando montoncitos como carbón fino la Malvada Bruja se puso tan furiosa, que pateaba el suelo, se tiraba del pelo y rechinaba los dientes. Y entonces llamó a una docena de sus esclavos, que eran los Winkies, y les dio lanzas afiladas, diciéndoles que fuesen a los forasteros y los destrozaran.

Los Winkies no eran una gente valiente, pero tenían que hacer lo que se les ordenaba, de manera que marcharon hasta estar cerca de Dorothy. Entonces el León soltó un fuerte rugido y saltó hacia ellos, y los pobres Winkies se asustaron tanto que huyeron corriendo a más no poder.

Cuando regresaron al castillo, la Malvada Bruja los azotó duro con una correa, y los envió de vuelta a su trabajo; después se sentó a pensar lo que haría. No podía entender cómo todos sus planes para destruir a esos forasteros habían fracasado, pero era una Bruja poderosa, además de malvada, y pronto resolvió cómo proceder.

Había, en su alacena, un Gorro de Oro, que llevaba un círculo de diamantes y rubíes. Este Gorro de Oro tenía un encantamiento. Quien lo poseyera podía convocar tres veces a los Monos Alados, los cuales acatarían cualquier orden que se les diese. Pero nadie podía mandar a estas extrañas criaturas más de tres veces. La Malvada Bruja había usado ya dos veces el encantamiento del Gorro. Una había sido al convertir en esclavos a los Winkies, haciéndose gobernante del país de estos. Los Monos Alados la habían ayudado a hacerlo. La segunda vez había sido al luchar contra el mismísimo Gran Oz, echándolo de la tierra del Oeste. Los Monos Alados también la habían ayudado en esa ocasión. Solo una vez más podía usar el Gorro de Oro, por eso no le gustaba hacerlo hasta haber agotado sus demás poderes. Pero ahora que sus lobos feroces, y sus cuervos salvajes y sus abejas punzantes habían desaparecido, y que el León Cobarde había obligado a huir a sus esclavos, vio que solo le quedaba una manera de destruir a Dorothy y sus amigos.

Así que la Malvada Bruja tomó el Gorro de Oro de su alacena y se lo puso en la cabeza. Luego se sostuvo sobre el pie izquierdo y dijo lentamente:

—¡Ep-pe, pe-pe, ca-que!

Luego se sostuvo sobre el pie derecho y dijo:

—¡I-la, u-la, o-la!

Tras esto se plantó sobre ambos pies y gritó con fuerza:

—¡Me-che, mo-cho, mi-chi!

Entonces empezó a funcionar el sortilegio. El cielo se oscureció y en el aire se escuchó un ahogado rumor. Era el batir de muchas alas, una gran bullicio y muchas risas, y el sol se apareció en el negro cielo para mostrar a la Malvada Bruja envuelta de una ola de monos; todos tenían un par de inmensas y poderosas alas en la espalda.

Uno, mucho más grande que los demás, parecía ser su jefe. Voló junto a la Bruja y dijo:

—Nos has llamado por tercera y última vez. ¿Qué ordenas?

—Atacad a los forasteros que están dentro de mi tierra y destruidlos a todos, excepto al León —dijo la Malvada Bruja—. Traedme esa fiera, porque tengo idea de enjaezarla como un caballo y hacerlo trabajar.

—Tus órdenes serán obedecidas —dijo el jefe.

Y entonces, con mucha algazara y ruido, los Monos Alados se fueron volando hacia donde estaban Dorothy y sus amigos.

Unos agarraron al Leñador de Hojalata y lo llevaron por el aire hasta una zona totalmente cubierta de agudas rocas. Allí soltaron al pobre Leñador, que cayó desde gran altura sobre las peñas, y quedó tan roto y abollado que no podía moverse ni quejarse.

Otros cogieron al Espantapájaros, y con sus largos dedos le sacaron toda la paja de sus ropas y de su cabeza. Con su sombrero, sus botas y su ropa hicieron un fardo que arrojaron a la copa de un árbol altísimo.

Los demás Monos echaron unas fuertes cuerdas al León, y dieron muchas vueltas alrededor de su cuerpo, cabeza y patas, hasta que no pudo morder, arañar ni luchar de ningún modo. Luego lo levantaron por los aires y volaron con él hasta el castillo de la Bruja; allí le dejaron en un pequeño patio rodeado de una alta reja, para que no pudiese escapar.

Pero a Dorothy no le hicieron ningún daño. Estaba de pie, con Toto en brazos, contemplando la triste suerte de sus camaradas y pensando que pronto sería su turno. El jefe de los Monos Alados voló hacia ella, con sus largos y peludos brazos estirados haciendo horribles muecas con su cara feísima, pero vio la marca del beso de la Bruja del Norte sobre su frente y se detuvo de inmediato, indicando a los demás que no la tocaran.

—No intentemos tocar a esta muchachita —les dijo—, pues está protegida por el Poder del Bien, y ese es mayor que el Poder del Mal. Todo lo que podemos hacer es llevarla hasta el castillo de la Malvada Bruja y dejarla allí.

Así que, con cuidado y delicadeza, tomaron a Dorothy en brazos y la llevaron velozmente por el aire hasta llegar al castillo, en donde la pusieron en el umbral de la puerta principal. Entonces el Mono jefe dijo a la Bruja:

—Te hemos obedecido hasta donde podíamos. El Leñador de Hojalata y el Espantapájaros están destruidos, y el León está atado en tu patio. A la niña no nos arriesgamos a hacerle daño, ni al perro que lleva en brazos. Tu poder sobre nuestra banda ha terminado ahora y nunca volverás a vernos.

Entonces todos los Monos Alados, con mucha risa, algazara y ruido, echaron a volar y pronto se perdieron de vista.

La Malvada Bruja se sorprendió y se perturbó al ver la marca en la frente de Dorothy, porque sabía muy bien que ni los Monos Alados ni ella misma osarían hacer ningún daño a la niña. Miró hacia los pies de Dorothy, y al ver los Zapatos de Plata, empezó a temblar de miedo, porque sabía que un poderoso hechizo estaba unido a ellos. Al principio, la Malvada Bruja estuvo tentada de huir de Dorothy a todo correr, pero miró los ojos de la chiquilla y percibió la sencillez de su alma, y que la niñita no estaba se había percatado del maravilloso poder que le daban los zapatos de plata. Así que la Malvada Bruja río para sí, y pensó:

—Aún puedo convertirla en mi esclava, porque ella no sabe cómo usar su poder.

Entonces dijo a Dorothy, con aspereza y severidad:

—Ven conmigo, y procura hacer todo lo que diga, porque si no acabaré contigo, como lo hice con el Leñador de Hojalata y el Espantapájaros.

Dorothy la siguió a través de las hermosas habitaciones del castillo hasta que llegaron a la cocina, en donde la Bruja le ordenó limpiar las ollas y sartenes y barrer el piso y mantener el fuego con leña.

Dorothy se puso a trabajar modestamente, decidida a hacerlo con el mayor esmero posible, contenta de que la Malvada Bruja hubiera decidido no matarla.

Mientras Dorothy trabajaba afanosamente, la Bruja pensó ir al patio y enjaezar al León Cobarde como si fuese un caballo. Le divertiría pasearse en una carroza tirada por un león. Pero cuando abrió la puerta el León rugió salvajemente y saltó hacia ella con tal ferocidad, que la Bruja tuvo miedo, y volvió a cerrar la puerta.

—Si no puedo enjaezarte —dijo al León, hablándole a través de las rejas de la puerta—, puedo matarte de hambre. No comerás hasta que hagas lo que quiero.

Y así, después de eso, no llevó ningún alimento al León prisionero; pero todos los días se acercaba a la puerta a mediodía y preguntaba:

—¿Estás dispuesto a ser enjaezado como un caballo?

Y el León respondía:

—No. Si pasas a este patio, te morderé.

Pero el León no necesitaba obedecer a la Bruja para comer, porque todas las noches, mientras esta dormía, Dorothy le llevaba alimento que sacaba de la alacena. Después de comer, se echaba sobre su lecho de paja, y Dorothy se tendía a su lado y ponía la cabeza sobre su suave y desordenada melena mientras ambos hablaban de sus desgracias y trataban de idear algún modo de salir del castillo, que estaba vigilado día y noche por los amarillos Winkies, que eran los esclavos de la Malvada Bruja y le tenían demasiado miedo como para desobedecerla.

La niña debía trabajar arduamente durante el día, y a menudo la Bruja la amenazaba con el viejo paraguas que siempre llevaba en la mano. Pero la verdad es que no se atrevía a golpear a Dorothy, por la señal de su frente. La niña no lo sabía, y temía mucho por sí misma y por Toto. En cierta ocasión la Bruja le propinó un golpe a Toto con el paraguas y el valiente perrito se abalanzó sobre ella y la mordió en una pierna, en venganza. La mordedura de la

Bruja no sangró, porque era tan malvada que la sangre se le había secado hacía ya muchos años.

Dorothy se entristeció mucho más cuando comprendió que sería más difícil que nunca regresar a Kansas, con tía Em y tío Henry. A veces lloraba amargamente horas enteras, mientras Toto se echaba a sus pies y la miraba gimiendo tristemente para demostrar cuánta pena sentía por su ama. A Toto, en verdad, le daba lo mismo estar en Kansas o en la tierra de Oz mientras que Dorothy estuviera con él, pero sabía que la niña estaba triste y eso le entristecía a él también.

Ahora bien, la Malvada Bruja anhelaba enormemente tener los zapatos de plata que la muchachita llevaba siempre puestos. Sus abejas, sus cuervos y sus lobos estaban amontonados y secándose, y había agotado todo el poder del Gorro de Oro, pero si pudiera apoderarse de los zapatos de plata, estos le darían más poder que todo el que había perdido. Observaba a Dorothy cuidadosamente, para ver si alguna vez se quitaba los zapatos, pensando que podía robárselos. Pero la niña estaba tan orgullosa de sus preciosos zapatos que nunca se los quitaba, excepto por la noche y cuando se bañaba. A la Bruja le daba miedo la oscuridad y no se atrevía a entrar de noche en el cuarto de Dorothy para tomar los zapatos, y su miedo al agua era aún mayor que su miedo a la oscuridad, así es que nunca se aproximaba cuando Dorothy se estaba bañando. De hecho, la vieja Bruja no tocaba nunca el agua, ni jamás dejaba que el agua la tocara.

Pero la malvada mujer era muy astuta, y finalmente ideó un plan para conseguir lo que quería. Colocó una barra de hierro en medio del suelo de la cocina, y luego, por arte de magia, hizo que la barra fuese invisible a los ojos humanos. Así que cuando Dorothy atravesó la cocina, tropezó con la barra y cayó cuan larga era. No se hizo mucho daño, pero en la caída se le cayó uno de los zapatos de plata, y antes de que pudiese alcanzarlo la Bruja lo había alcanzado y se lo había puesto en su huesudo pie.

La malvada mujer estaba muy complacida con el éxito de su astucia, porque mientras ella tuviera uno de los zapatos poseería la mitad de su encantamiento, y Dorothy no podía usarlo contra ella, ni aun si hubiera sabido cómo hacerlo.

La niña, al ver que había perdido uno de sus bonitos zapatos, se enojó y dijo a la Bruja:

—¡Devuélveme mi zapato!

—No quiero —replicó la Bruja—, porque ahora es mío y no tuyo.

—¡Eres una malvada! —gritó Dorothy—. No tienes derecho a quitarme mi zapato.

—Me quedaré con él, de todos modos —dijo la Bruja riéndose—, y algún día, te quitaré el otro.

Esto enfureció a Dorothy de tal manera, que tomó el balde de agua que estaba cerca y lo arrojó sobre la Bruja, mojándola de los pies a la cabeza.

Instantáneamente, la malvada mujer dio un gran grito de espanto y entonces, mientras Dorothy la observaba con asombro, la Bruja empezó a encoger y marchitarse.

—¡Mira lo que has hecho! —aulló—. En un minuto me habré derretido.

—Lo siento mucho, de veras —dijo Dorothy, que en realidad se asustó al ver a la Bruja derritiéndose efectivamente ante sus ojos como si fuera azúcar morena.

—¿No sabías que el agua acabaría conmigo? —preguntó la Bruja, con voz desesperada y dolorida.

—Por supuesto que no —respondió Dorothy—. ¿Cómo podía saberlo?

—Bueno, dentro de unos minutos me habré derretido del todo, y tendrás el castillo para ti. He sido malvada en mi época, pero nunca pensé que una niñita como tú sería capaz de derretirme y terminar con mis malvadas acciones. ¡Mira, me voy!

Con estas palabras la Bruja se desplomó en una masa pardusca, derretida, informe y empezó a extenderse por las limpias tablas de la cocina. Viendo que realmente se había derretido hasta desaparecer, Dorothy llenó otro balde de agua y lo echó sobre esa suciedad. Luego barrió todo fuera de la puerta. Después de recoger el zapato de plata, que era todo lo que quedaba de la vieja, lo limpió y lo secó con un paño, y volvió a calzárselo. Luego, libre al fin para hacer lo que le quisiera, corrió hasta el patio a decir al León que ya no existía la Malvada Bruja del Oeste y que ya no eran prisioneros en tierra extranjera.

EL RESCATE

Al León Cobarde le encantó saber que a la Malvada Bruja la había derretido un balde de agua, y Dorothy abrió la puerta de su prisión y le puso en libertad. Fueron al castillo, donde Dorothy convocó a todos los Winkies y les comunicó que ya no eran esclavos.

Hubo un gran júbilo entre los amarillos Winkies, porque habían sido obligados a trabajar intensamente y durante muchos años para la Malvada Bruja, que siempre les trató con gran crueldad. Tanta era su alegría que pasaron el día bailando y cantando y decidieron celebrarlo todos los años.

—Si nuestros amigos el Espantapájaros y el Leñador estuvieran con nosotros —dijo el León—, yo sería muy feliz.

—¿No crees que podríamos rescatarlos? —preguntó ansiosamente la niña.

—Podemos intentarlo —respondió el León.

Así pues, llamaron a los amarillos Winkies y les preguntaron si los ayudarían a rescatar a sus amigos y los Winkies dijeron que harían encantados lo que pudiesen por Dorothy, que los había librado de la esclavitud. De manera que ella eligió unos cuantos Winkies que parecían más avispados y todos se pusieron en marcha. Viajaron ese día y parte del siguiente hasta que llegaron a la rocosa llanura en donde yacía el Leñador de Hojalata, todo estropeado y doblado. Su hacha estaba a su lado, pero la hoja estaba oxidada y solo quedaba un trozo de mango.

Los Winkies lo tomaron tiernamente en brazos y volvieron con él al Castillo Amarillo, mientras a Dorothy se le saltaban las lágrimas pensando en el triste destino de su viejo amigo, y al León se le veía serio y triste. Cuando llegaron al Castillo, Dorothy dijo a los Winkies:

—¿Hay algún hojalatero entre vosotros?

—Oh, sí. Tenemos algunos hojalateros buenísimos —le respondieron.

—Entonces traédmelos —dijo ella. Y cuando llegaron los hojalateros, trayendo todas sus herramientas en canastos, les preguntó—: ¿Podéis enderezar esas abolladuras del Leñador de Hojalata, y devolverle su forma, y soldarlo allí donde está roto?

Los hojalateros revisaron cuidadosamente al Leñador y contestaron que creían poder arreglarlo hasta dejarlo como nuevo. Y así se pusieron a trabajar en uno de los grandes salones amarillos, y trabajaron durante tres días con sus noches, martillando y golpeando las piernas, el tronco y la cabeza del Leñador de Hojalata hasta que finalmente recobró su forma original, y hasta que sus articulaciones funcionaron tan bien como el primer día. Llevaba encima, por cierto, varios remiendos, pero los hojalateros hicieron un buen trabajo, y como el Leñador no era un hombre engreído los parches no le importaban en absoluto.

Cuando por fin entró caminando al cuarto de Dorothy y le agradeció que lo hubiese salvado, estaba tan contento que lloró lágrimas de alegría, y Dorothy tuvo que enjugar cuidadosamente cada lágrima de su rostro, para que no se le oxidaran las articulaciones. También ella lloraba a moco tendido de alegría al verse otra vez con su viejo amigo, y no fue preciso enjugar estas lágrimas. En cuanto al León, se secaba los ojos tan a menudo con la punta de su rabo,

que se le empapó, y se vio obligado a salir al patio y dejarla al sol hasta que se le secara.

—Si pudiéramos volver a tener al Espantapájaros con nosotros —dijo el Leñador de Hojalata cuando Dorothy hubo acabado de contarle todo lo sucedido—, yo estaría muy contento.

—Debemos tratar de encontrarlo —dijo la niña.

Así pues, pidió a los Winkies que la ayudaran y caminaron todo ese día y parte del siguiente hasta llegar al elevado árbol en cuyas ramas habían arrojado los Monos Alados las ropas del Espantapájaros.

Era un árbol altísimo, y el tronco era tan liso que nadie podía trepar, pero el Leñador dijo al instante:

—Yo lo echaré abajo, y entonces podremos encontrar las ropas del Espantapájaros.

Ahora bien, mientras los hojalateros habían estado trabajando para restaurar al Leñador, otro de los Winkies, que era orfebre, había hecho un mango de hacha de oro macizo, y lo había encajado en el hacha del Leñador, en vez del viejo mango quebrado. Otros pulieron la hoja hasta que salió toda la herrumbre y brillaba como plata bruñida.

No bien había terminado de hablar, el Leñador comenzó a cortar, y pronto el árbol cayó con estrépito, y las ropas del Espantapájaros cayeron de las ramas y rodaron por el suelo.

Dorothy las recogió e hizo que los Winkies las llevaran al castillo, en donde las rellenaron con paja fresca y limpia y entonces allí estaba el Espantapájaros, como nuevo, agradeciéndoles una y otra vez el haberlo salvado.

Ahora que estaban todos reunidos, Dorothy y sus amigos pasaron unos días felices en el Castillo Amarillo, en donde hallaron todo lo necesario para estar a gusto.

Pero un día la niña pensó en tía Em y dijo:

—Debemos volver a ver a Oz y exigirle que cumpla lo prometido.

—Sí —dijo el Leñador—, por fin conseguiré mi corazón.

—Y yo mis sesos —agregó contentísimo el Espantapájaros.

—Y yo mi valentía —dijo pensativo el León.

—Y yo regresaré a Kansas —gritó Dorothy, palmoteando—. ¡Oh!, ¡pongámonos mañana mismo en camino hacia la Ciudad Esmeralda!

Y así lo resolvieron. Al día siguiente convocaron a todos los Winkies y se despidieron de ellos. A los Winkies les entristecía dejarlos partir, y se habían encariñado tanto con el Leñador de Hojalata que le suplicaron que se quedase y los gobernase y reinase sobre la Amarilla Tierra del Oeste. Viendo que estaban resueltos a irse, los Winkies dieron al León y a Toto un collar de oro a cada uno, y a Dorothy le regalaron una hermosa pulsera tachonada de diamantes, y al Espantapájaros le entregaron un bastón con puño de oro, para librarlo de tropezar y caerse; y al Leñador de Hojalata le entregaron una aceitera de plata, con incrustaciones de oro y preciosas joyas engastadas.

Cada uno de los viajeros dio a cambio a los Winkies un hermoso discurso, y todos les dieron la mano hasta dolerles los brazos.

Dorothy fue a la alacena de la Bruja para llenar su cesta de comida para el viaje, y allí vio el Gorro de Oro. Se lo probó y descubrió que se acoplaba perfectamente a su cabeza. No sabía nada acerca del encantamiento del Gorro de Oro, pero lo encontró precioso, así que decidió usarlo y llevar su sombrero en la cesta.

Cuando estuvieron listos se pusieron en marcha hacia la Ciudad Esmeralda, y los Winkies les gritaron ¡viva! y les desearon toda suerte de felicidad.

LOS MONOS ALADOS

Recordaréis que no había camino —ni siquiera un sendero— entre el castillo de la Malvada Bruja y la Ciudad Esmeralda. Cuando los cuatro viajeros iban en busca de la Bruja, ella los había visto venir, enviando a los Monos Alados para que se los trajesen. Les fue mucho más difícil encontrar el camino a través de los grandes campos de botones de oro y margaritas que ser llevados por el aire. Sabían, por supuesto, que debían ir directo hacia el este, hacia el sol naciente, y partieron en la dirección correcta. Pero a mediodía, cuando el sol estaba sobre sus cabezas, no sabían dónde estaba el este y dónde el oeste, y por ese motivo se perdieron en medio de las extensas praderas. Pero siguieron caminando y por la noche salió la luna y los alumbró con su claridad. Se tendieron en medio de las flores de suave perfume y durmieron a pierna suelta hasta la mañana —todos menos el Espantapájaros y el Leñador de Hojalata.

A la mañana siguiente el sol se ocultaba tras una nube, pero marcharon, como si estuviesen muy seguros del camino que seguían.

—Si caminamos la distancia adecuada —dijo Dorothy—, llegaremos a alguna parte, estoy segura.

Pero pasaba un día tras otro, y seguían sin ver nada ante sí, excepto las praderas. El Espantapájaros empezó a gruñir un poco.

—Con seguridad —dijo—, nos hemos perdido y a menos que encontremos el camino a tiempo para llegar a la Ciudad Esmeralda nunca conseguiré mis sesos.

—Ni yo mi corazón —declaró el Leñador de Hojalata—. Estoy ansioso por llegar ante Oz, y tenéis que reconocer que este es un viaje larguísimo.

—Veréis —dijo el León Cobarde, con un gemido—, yo no tengo valor para seguir vagabundeando indefinidamente sin llegar a ninguna parte.

Entonces Dorothy se desalentó. Se sentó sobre la hierba y miró a sus compañeros, y estos se sentaron y la miraron, y Toto descubrió que por primera vez en su vida estaba demasiado agotado como para perseguir una mariposa que pasó volando sobre su cabeza. Sacó la lengua y jadeó y miró a Dorothy como para preguntar qué hacían a continuación.

—¿Y si llamáramos a los ratones campestres? —sugirió la niña—. Ellos probablemente podrían señalarnos el camino hacia la Ciudad Esmeralda.

—Cierto que podrían —exclamó el Espantapájaros—. ¿Cómo no se nos ocurrió antes?

Dorothy tocó el pequeño silbato que siempre llevaba al cuello desde que la Reina de los ratones se lo había dado. Al cabo de unos minutos escucharon el galope de unas patitas, y muchos ratoncitos grises llegaron corriendo hasta Dorothy. Entre ellos estaba la propia Reina, que preguntó, con su vocecilla chillona:

—¿Qué puedo hacer por mis amigos?

—Nos hemos extraviado —dijo Dorothy—. ¿Puedes decirnos dónde está la Ciudad Esmeralda?

—Por supuesto —respondió la Reina—, pero está muy lejos porque la habéis tenido a vuestras espaldas todo este tiempo —luego advirtió que Dorothy llevaba el Gorro de Oro, y dijo:

—¿Por qué no empleas el sortilegio del Gorro, y llamas a los Monos Alados? Ellos te llevarán a la Ciudad de Oz en menos de una hora.

—No sabía que tuviera un sortilegio —contestó Dorothy, con sorpresa—. ¿Cuál es?

—Está escrito dentro del Gorro de Oro —replicó la Reina de los ratones—. Pero si vas a llamar a los Monos Alados debemos huir lejos, porque son muy traviesos y les divierte molestarnos.

—¿No me harán daño? —preguntó preocupada la niña.

—Oh, no. Deben obedecer al portador del Gorro. ¡Adiós! —y desapareció en un santiamén, y tras ella corrieron todos los ratones.

Dorothy miró el interior del Gorro de Oro y vio unas palabras escritas sobre el gorro. «Esto debe de ser el encantamiento», pensó. Así que leyó cuidadosamente las instrucciones y se puso el Gorro en la cabeza.

—¡Ep-pe, pe-pe, ca-que! —dijo, sosteniéndose en el pie izquierdo.

—¿Qué dijiste? —preguntó el Espantapájaros, que no sabía qué estaba haciendo.

—¡I-la, u-la, o-la! —continuó Dorothy, sosteniéndose esta vez en el pie derecho.

—Hola —replicó sosegadamente el Leñador de Hojalata.

—¡Me-che, mo-cho, mi-chi! —dijo Dorothy, que ahora se apoyaba en ambos pies.

Con esto se terminaba el hechizo, y escucharon una gran algazara y batir de alas, conforme la banda de Monos Alados se aproximaba volando. Al llegar, el Rey de los Monos hizo una gran reverencia a Dorothy y preguntó:

—¿Qué ordenas?

—Deseamos ir a la Ciudad Esmeralda —dijo la niña—. Y nos hemos extraviados.

—Os llevaremos —replicó el Rey, y apenas había hablado cuando los Monos tomaron a Dorothy en sus brazos y se fueron volando con ella. Otros tomaron al Espantapájaros, al León y al Leñador de Hojalata, y un mono pequeño agarró a Toto y voló tras ellos, aunque el perro hacía lo posible por morderlo.

El Espantapájaros y el Leñador de Hojalata se aterrorizaron mucho al principio, pues recordaban lo mal que los habían tratado antes los Monos Alados. Pero vieron que no tenían malas intenciones, así es que viajaron por el aire muy contentos, y disfrutaron viendo los bonitos jardines y bosques que se extendían allá abajo.

Dorothy se encontró viajando con toda soltura entre dos de los Monos más grandes, uno de los cuales era el propio Rey. Habían hecho una silla de manos y tenían cuidado de no hacerle daño.

—¿Por qué tenéis que cumplir al encantamiento del Gorro de Oro? —preguntó.

—Es una larga historia —respondió el Rey, soltando una carcajada—, pero como tenemos un largo viaje por delante te la narraré si lo deseas.

—La escucharé con mucho gusto —replicó Dorothy.

—En otro tiempo —comenzó el jefe—, éramos un pueblo libre, que vivía feliz en la gran selva, volando de árbol en árbol, comiendo nueces y frutas, y haciendo lo que nos deseábamos, sin obedecer a ningún amo. Quizás algunos de nosotros éramos demasiado traviesos a veces, descendíamos volando a tirar del rabo a los animales sin alas, perseguíamos pájaros, y lanzábamos nueces a la gente que caminaba por la selva. Pero éramos atolondrados, felices y divertidos, y disfrutábamos cada minuto del día. De esto hace ya muchos años, mucho antes de que Oz cayera de las nubes para gobernar este país.

»Vivía aquí entonces, lejos, allá en el Norte, una hermosa princesa, que era también una poderosa hechicera. Usaba toda su magia para ayudar a la gente y nunca se supo que hiciera daño a alguien bueno. Su nombre era Alegrita, y vivía en un precioso palacio hecho de grandes bloques de rubí. Todos la querían, pero su gran tristeza era no poder encontrar a nadie a quien amar, pues todos los hombres eran demasiado feos y estúpidos como para formar pareja con una criatura tan hermosa y tan inteligente. Pero, finalmente, encontró un muchacho que era hermoso y varonil y más sabio de lo que podía esperarse para su edad. Alegrita decidió que cuando él llegara a ser un hombre, lo tomaría por esposo, y lo llevó a su palacio de rubí. Usó todos sus poderes mágicos para hacerlo tan fuerte, bueno y hermoso como cualquier mujer pudiera anhelar. Cuando llegó a la edad viril, dicen que Quelala, que así se llamaba, era el hombre mejor y más sabio de todo el país, y su hermosura varonil era tan grande que Alegrita lo amó tiernamente y se apresuró a disponer todo para la boda.

»Mi abuelo era en aquel entonces el Rey de los Monos Alados que vivían en la selva cercana al palacio de Alegrita, y al viejo le gustaba más una broma que una cena. Un día, justo antes de la boda, mi abuelo iba volando con su banda cuando vio a Quelala caminando junto al río. Iba vestido con un elegante traje de seda rosada y terciopelo púrpura, y mi abuelo pensó que podía hacer. A una orden suya la banda bajó volando y agarró a Quelala, llevándolo en brazos hasta el centro del río, y allí lo dejaron caer al agua.

»—Sal nadando, bonito —gritó mi abuelo—, y mira si el agua te ha manchado la ropa.

»Quelala era demasiado sabio como para no nadar, y su buena suerte no lo había echado a perder. Echó a reír, cuando salió a la superficie, y nadó hasta la orilla. Cuando Alegrita vino corriendo a su encuentro, encontró sus sedas y terciopelos arruinados por el agua.

»La princesa se puso rabiosa, y sabía, naturalmente, quién era el culpable. Hizo que le llevaran todos los Monos Alados, y al principio dijo que deberían atarles las alas y dejarlos caer al río como habían hecho con Quelala.

Pero mi abuelo suplicó largamente, porque sabía que los Monos se ahogarían en el río con las alas atadas, y Quelala habló también en favor de ellos, de manera que Alegrita finalmente los perdonó, con la condición de que los Monos Alados en lo sucesivo deberían obedecer siempre por tres veces al poseedor del Gorro de Oro. Este Gorro había sido confeccionado como regalo de bodas para Quelala, y se dice que había costado a la princesa la mitad de su reino. Por supuesto que mi abuelo y todos los demás Monos aceptaron de inmediato esa condición, y así fue como pasamos a ser por tres veces esclavos del dueño del Gorro de Oro, sea quien fuere.

—¿Y qué pasó con ellos? —preguntó Dorothy, que se había interesado mucho en el relato.

—Siendo Quelala el primer poseedor del Gorro —replicó el Mono—, fue el primero en imponernos sus deseos. Como su novia no soportaba ni vernos, nos convocó a todos en la selva después de casarse con ella, y nos ordenó quedarnos siempre en donde Alegrita no pudiera vernos, cosa que nos alegró mucho, porque todos la temíamos.

»Esto fue todo lo que tuvimos que hacer hasta que el Gorro de Oro cayó en manos de la Malvada Bruja del Oeste, que nos hizo esclavizar a los Winkies, y después echar al propio Oz de la Tierra del Oeste. Ahora el Gorro de Oro es tuyo, y por tres veces tienes derecho a imponernos tus deseos.

Mientras el Rey Mono terminaba su narración, Dorothy miró hacia abajo y vio las murallas verdes y brillantes de la Ciudad Esmeralda que se extendía ante ellos. Se asombró de la rapidez con que volaban los Monos, pero se alegró de haber terminado el viaje. Las extrañas criaturas colocaron cuidadosamente a los viajeros ante la puerta de la Ciudad, y el Rey hizo una profunda reverencia a Dorothy y luego se alejó volando velozmente, seguido por su banda.

—Fue un vuelo asombroso —dijo la niña.

—Sí, y una manera rápida de resolver nuestros problemas —replicó el León—. ¡Qué suerte que trajeras ese Gorro maravilloso!

EL DESCUBRIMIENTO DE OZ, EL TERRIBLE

Los cuatro viajeros avanzaron hasta la gran puerta de la Ciudad Esmeralda y tocaron el timbre. Después de tocar varias veces, la abrió el mismo Guardián de las Puertas que habían encontrado la otra vez.

—¡Pero! ¿Estáis de vuelta? —preguntó sorprendido.

—¿No nos estás viendo? —respondió el Espantapájaros.

—Pero pensé que habíais ido a visitar a la Malvada Bruja del Oeste.

—Y la visitamos —dijo el Espantapájaros.

—¿Y os dejó salir? —preguntó el hombre, asombrado.

—No pudo hacer nada, porque está derretida —explicó el Espantapájaros.

—¡Derretida! Bueno, esas sí que son excelentes noticias —dijo el hombre—. ¿Quién la derritió?

—Dorothy —dijo gravemente el León.

—¡Santo Dios! —exclamó el hombre, haciendo una profunda reverencia ante ella.

Luego los condujo a su salita y les sujetó con llave las gafas que sacó del gran baúl, tal como lo había hecho antes. Después entraron en la Ciudad Esmeralda, y cuando la gente se enteró por el Guardián de las Puertas que habían derretido a la Malvada Bruja del Oeste, se reunieron todos alrededor a los viajeros y los siguió una gran multitud hasta el Palacio de Oz.

El soldado de las patillas verdes estaba aún de guardia ante la puerta, pero los dejó entrar al instante y nuevamente los recibió la hermosa muchachita verde, que al instante les mostró sus antiguas habitaciones, para que pudiesen descansar hasta que el Gran Oz estuviese dispuesto a recibirlos.

El soldado había llevado sin tardanza a Oz la noticia de que Dorothy y los demás viajeros habían regresado, después de destruir a la Malvada Bruja, pero Oz no hizo ningún comentario. Ellos creían que el Gran Mago enviaría a buscarlos al instante, pero no sucedió así. No oyeron hablar de él al día siguiente, ni al otro, ni al otro. La espera era fatigosa y aburrida, y les molestaba que Oz les tratara tan mal, después de haberles enviado a sufrir tantas adversidades. Finalmente el Espantapájaros pidió a la muchacha verde que llevara otro mensaje a Oz, diciendo que si no les permitía verlo enseguida, llamarían a los Monos Alados para que les ayudasen, y descubrir así si cumplía o no sus promesas.

Cuando el Mago recibió este mensaje se estremeció tanto que mandó decirles que acudiesen al Salón del Trono a las nueve y cuatro minutos de la mañana siguiente. Ya se había topado una vez con los Monos Alados en la Tierra del Oeste, y no deseaba encontrarse con ellos nuevamente.

Los cuatro viajeros pasaron la noche en vela, pensando cada cual en el don que Oz había prometido otorgarles. Dorothy se quedó dormida solo en una ocasión, y entonces soñó que estaba en Kansas, y tía Em le decía lo contenta que estaba de tener nuevamente en casa a su niña.

A la mañana siguiente, a las nueve en punto, les recogió el soldado de patillas verdes, y cuatro minutos más tarde entraron todos en el Salón del Trono del Gran Oz.

Por cierto que cada uno de ellos esperaba ver al Mago en la forma que había asumido antes, y a todos los sorprendió muchísimo cuando al echar una mirada no vieron a nadie en la sala. Se quedaron cerca de la puerta todos juntos porque la quietud de la sala vacía resultaba más espantosa que cualquiera de las formas que habían visto tomar a Oz.

De pronto escucharon una voz, que parecía provenir del centro de la gran cúpula, y que dijo, solemnemente: —Yo soy Oz, el Grande y Terrible. ¿Por qué me buscáis?

Miraron nuevamente por todos los rincones del salón, y entonces, al no ver a nadie, Dorothy preguntó: — ¿En dónde estás?

—Estoy en todas partes —respondió la voz—, pero para los ojos de los simples mortales soy invisible. Ahora me sentaré sobre mi trono para que podáis conversar conmigo —en efecto, la voz pareció entonces surgir directamente del trono, así que caminaron hacia allí y se pusieron en fila, mientras Dorothy decía: —Hemos venido a que cumplas tus promesas.

—¿Qué promesas? —preguntó Oz.

—Prometiste enviarme a Kansas cuando la Malvada Bruja hubiese sido destruida —dijo la niña.

—Y prometiste darme sesos —dijo el Espantapájaros.

—Y prometiste darme un corazón —dijo el Leñador de Hojalata.

—Y prometiste darme valentía —dijo el León Cobarde.

—¿Realmente ha sido destruida la Malvada Bruja? —preguntó la voz, y a Dorothy le pareció que temblaba un poco.

—Sí —respondió—, yo la derretí con un balde de agua.

—¡Dios mío! —dijo la voz—, ¡qué rápido! Bueno, venid a verme mañana, porque necesito tiempo para pensarlo.

—Ya has tenido muchísimo tiempo —dijo furioso el Leñador de Hojalata.

—No esperaremos ni un día más —dijo el Espantapájaros.

—¡Debes cumplir las promesas que nos hiciste! —exclamó Dorothy.

El León pensó que podría asustar al Mago, por lo tanto lanzó un fuerte rugido, tan feroz que Toto, alarmado, huyó de un salto y volcó el biombo que había en una esquina. Como el biombo cayó con estrépito, todos miraron en esa dirección, y se quedaron asombrados. Porque vieron, de pie, en el lugar mismo que el biombo ocultaba, a un viejecillo calvo y de rostro arrugado, que parecía estar tan sorprendido como ellos mismos. El Leñador de Hojalata, levantando su hacha, se abalanzó hacia el hombrecillo y gritó:

—¿Quién eres?

—Soy Oz, el Grande y Terrible —dijo el hombrecillo, con voz temblorosa—, pero no me golpees, por favor, y haré todo lo que quieras.

Nuestros amigos le miraron con sorpresa y desaliento.

—Yo pensaba que Oz era una gran Cabeza —dijo Dorothy.

—Y yo pensaba que Oz era una hermosa Dama —dijo el Espantapájaros.

—Y yo pensaba que Oz era una terrible Fiera —dijo el Leñador de Hojalata.

—Y yo pensaba que Oz era una Bola de Fuego —exclamó el León.

—No. Estáis todos equivocados —dijo humildemente el hombrecito—. He estado fingiendo.

—¡Fingiendo! —gritó Dorothy—. ¿No eres un gran Mago?

—No vociferes, querida —dijo él—, no hables tan fuerte o te escucharán, y eso sería mi pérdida. Todos creen que soy un Gran Mago.

—¿Acaso no lo eres? —preguntó la niña.

—Ni de broma, querida. Soy solo un hombre corriente.

—Eres menos que eso —dijo el Espantapájaros, en tono acongojado—, eres un farsante.

—¡Exactamente! —declaró el hombrecillo frotándose las manos como si eso le agradara—. Soy un farsante.

—Pero esto es terrible —dijo el Leñador de Hojalata—, ¿cómo conseguiré alguna vez mi corazón?

—¿Y yo mi valentía? —preguntó el León.

—¿Y yo mis sesos? —gimió el Espantapájaros, enjugándose las lágrimas con la manga.

—Mis queridos amigos —dijo Oz—, os ruego que no habléis de estas pequeñeces. Pensad en mí y el terrible problema en que me encuentro.

—¿Nadie más sabe que eres un farsante? —preguntó Dorothy.

—Nadie lo sabe, solamente vosotros cuatro y yo mismo —replicó Oz—. He engañado a todos durante tanto tiempo que pensé que jamás me descubrirían. Fue un gran error dejaros entrar en el Salón del Trono. No veo ni a mis súbditos, así que creen que soy algo terrible.

—Bueno, no entiendo —dijo Dorothy con perplejidad—. ¿Cómo apareciste ante mí como una gran Cabeza?

—Eso fue uno de mis trucos —contestó Oz—. Pasa por aquí, por favor, y te lo revelaré todo.

Les guio hacia un pequeño cuarto situado detrás del Salón del Trono, y todos le siguieron. Señaló hacia un rincón, en donde se encontraba la Gran Cabeza, hecha de muchas capas de papel, y con una cara cuidadosamente pintada.

—Colgué esto del techo con un alambre —dijo Oz—. Me puse detrás del biombo y tiraba de un hilo para hacer que los ojos se movieran.

—Pero ¿y la voz? —preguntó Dorothy.

—¡Ah! Soy ventrílocuo —dijo el hombrecillo—, y puedo expulsar el sonido de mi voz donde quiera, por eso pensaste que salía de la Cabeza. Estas son las otras cosas que empleé para engañaros.

Mostró al Espantapájaros el vestido y la máscara que había usado cuando parecía ser la hermosa Dama, y el Leñador de Hojalata vio que su terrible Fiera no era sino un montón de pieles cosidas, con una armazón de tablillas para mantenerlas hinchadas. En cuanto a la Bola de Fuego, el falso Mago también la había colgado del techo. Era una pelota de algodón, que cuando se vertía sobre ella petróleo ardía con furia.

—Verdaderamente —dijo el Espantapájaros—, deberías avergonzarte de ti mismo por semejante farsa.

—Lo estoy, realmente lo estoy —respondió apenado el hombrecillo—, pero era lo único que podía hacer. Sentaos, por favor, hay muchas sillas, y os contaré mi historia.

Así lo hicieron y escucharon la siguiente historia:

—Nací en Omaha.

¡Pero si eso no está muy lejos de Kansas! —gritó Dorothy.

—No, pero está más lejos de aquí —dijo, meneando tristemente la cabeza—. Cuando llegué a ser mayor me hice ventrílocuo, y tuve un maestro que me enseñó muy bien. Puedo imitar cualquier especie de pájaro o bestia —al decirlo maulló como un gatito, haciéndolo tan bien que Toto levantó las orejas y miró por todas partes para ver dónde estaba—. Después de un tiempo —continuó Oz— me cansé de eso, y me convertí en aeronauta.

—¿Qué es eso? —preguntó Dorothy.

—Un hombre que asciende en globo un día de circo, para atraer a la gente y lograr que vayan todos al circo —explicó.

—Oh —dijo ella—. Los conozco.

—Bueno, un día me elevé en globo y las cuerdas se enredaron tanto que no pude descender. Subió más arriba de las nubes, tan alto, que una corriente de aire chocó con él, llevándolo a muchos kilómetros de distancia. Durante un día y una noche viajé por el aire, y la mañana del segundo día desperté y encontré el globo volando sobre un país extraño y hermoso.

»Bajó lentamente, y no sufrí ningún daño. Pero me encontré entre una gente extraña que, al verme caer de las nubes, pensó que yo era un Gran Mago. Lógicamente los dejé con esa idea, porque me temían y prometieron hacer lo que yo quisiera.

»Únicamente para divertirme, y mantener ocupada a esa buena gente, les ordené construir esta Ciudad, y mi Palacio, y lo hicieron con mil amores. Entonces, como el país era tan verde y bonito, pensé en llamarla la Ciudad Esmeralda, y para que el nombre fuese más apropiado, puse gafas verdes a toda la gente, para que todo lo que viesen fuese verde.

—Pero ¿no es todo verde aquí? —preguntó Dorothy.

—No más que en cualquier otra ciudad —replicó Oz—, pero cuando uno usa gafas verdes, todo lo que ve le parece verde. La Ciudad Esmeralda fue construida hace muchísimos años, porque yo era joven cuando el globo me trajo aquí, y soy ahora muy anciano. Mi pueblo ha usado gafas verdes desde hace tanto tiempo que la mayoría de ellos creen que en realidad es una Ciudad Esmeralda, un hermoso lugar donde abundan las joyas y los metales preciosos, y todas las cosas buenas que se necesitan para ser feliz. He sido bueno con la gente, y ellos me quieren, pero desde que se construyó este Palacio me he encerrado y no he querido ver a nadie.

»Uno de mis mayores temores eran las Brujas, pues mientras que yo no tenía poderes mágicos de ninguna especie, pronto descubrí que las Brujas eran capaces de hacer cosas portentosas. Había cuatro en este país, y regían sobre los pueblos que viven en el Norte, en el Sur, en el Este y en el Oeste. Afortunadamente, las Brujas del Norte y del Sur eran buenas, y yo sabía que no me harían daño. Pero las Brujas del Este y del Oeste eran terriblemente malvadas, y si no hubiesen pensado que yo era más poderoso que ellas, me habrían destruido con certeza. Sucedió así que viví constantemente asustado durante muchos años, y ya puedes imaginar con cuánto agrado oí decir que tu casa había caído sobre la Malvada Bruja del Este. Cuando llegaste a verme, estaba dispuesto a prometer cualquier cosa con tal de que acabaras con la otra Bruja, pero ahora que la has derretido me avergüenzo de decir que no puedo cumplir mis promesas.

—Creo que eres un mal hombre —dijo Dorothy.

—Oh, no, querida. Soy un hombre buenísimo, pero un pésimo Mago.

—¿No puedes darme sesos? —preguntó el Espantapájaros.

—No necesitas sesos. Estás aprendiendo algo cada día. Un bebé tiene sesos, pero no sabe mucho. La experiencia es la única fuente de conocimientos y cuanto más permanezcas sobre la tierra, tanta más experiencia tendrás sin duda.

—Eso quizá sea cierto —dijo el Espantapájaros—, pero seré muy desdichado si no me das sesos.

El falso Mago le miró atentamente.

—Bueno —dijo—, no soy gran cosa como Mago, según he dicho, pero si quieres venir a verme mañana por la mañana, rellenaré tu cabeza de sesos, aunque no puedo decirte cómo debes usarlos. Eso tendrás que descubrirlo por ti mismo.

—¡Oh, gracias, gracias! —gritó el Espantapájaros—. ¡Ya encontraré una manera de usarlos, no temas!

—Pero ¿y qué pasa con mi valentía? —preguntó con impaciencia el León.

—Tú tienes mucha valentía, estoy seguro —respondió Oz—. Todo lo que necesitas es tener confianza en ti mismo. No hay un ser vivo que no se asuste ante el peligro. La verdadera valentía está en hacer frente al peligro cuando se tiene miedo, y ese tipo de valor tú lo tienes en cantidad.

—Quizá lo tenga, pero de todos modos me asusto —dijo el León—. Seré realmente muy desdichado a menos que me des esa especie de valentía que hace olvidar que se tiene miedo.

—Muy bien, te daré esa especie de valentía mañana —replicó Oz.

—¿Y qué hay de mi corazón? —pregunto el Leñador de Hojalata.

—Vaya, en cuanto a eso —respondió Oz—, creo que cometes un error al querer un corazón. Hace desgraciada a la mayoría de las personas. ¡Si supieras cuán afortunado eres por no tener corazón!

—Eso deber ser cuestión de opiniones —dijo el Leñador de Hojalata—. Por mi parte, soportaré toda la desdicha sin ningún arrepentimiento, si quieres darme corazón.

—Muy bien —respondió apaciblemente Oz—. Ven a verme mañana y tendrás un corazón. He hecho de Mago durante tanto tiempo que bien puedo continuar desempeñando el papel un poquito más.

—Y ahora —dijo Dorothy—, ¿cómo voy a volver a Kansas?

—Tendremos que pensar al respecto —replicó el hombrecillo—. Dame dos o tres días para estudiar el asunto y trataré de encontrar una manera de transportarte a través del desierto. Mientras tanto seréis tratados como mis huéspedes, y mientras viváis en el Palacio mi gente os atenderá y obedecerá vuestros mínimos deseos. Solamente pido una cosa a cambio de mi ayuda (la que os puedo dar). Debéis guardar mi secreto y no decir a nadie que soy un farsante.

Acordaron en no decir nada de lo que se habían enterado y volvieron a sus habitaciones de muy buen humor. Incluso Dorothy confiaba en que «El Grande y Terrible Farsante», como lo llamaba, encontraría una manera de enviarla de regreso a Kansas, y si lo hacía estaba dispuesta a perdonarle todo.

LA MAGIA DEL GRAN FARSANTE

A la mañana siguiente el Espantapájaros dijo a sus amigos:

—Felicitadme. Voy a ver a Oz para conseguir por fin mis sesos. Cuando regrese seré como los demás hombres.

—Siempre me has gustado como eras —dijo sinceramente Dorothy.

—Muy amable por tu parte que te guste un Espantapájaros —respondió—. Pero seguramente tendrás mejor opinión de mí cuando escuches los espléndidos pensamientos que van a producir mis nuevos sesos.

Se despidió de todos ellos con voz alegre y fue al Salón del Trono, a cuya puerta llamó.

—Entra —dijo Oz.

El Espantapájaros entró y vio al hombrecillo sentado junto a la ventana, sumido en sus pensamientos.

—He venido por mis sesos —indicó el Espantapájaros, un poco impaciente.

—Ah, sí. Siéntate en esa silla, por favor —replicó Oz—. Deberás excusarme si te quito la cabeza, pero me es preciso hacerlo para ponerte los sesos en su sitio.

—Está bien —dijo el Espantapájaros—. Puedes quitármela cuando quieras, siempre que la que repongas sea una mejor.

Entonces el Mago le soltó la cabeza y la vació de paja. Luego entró en el cuarto trasero y tomó una medida de salvado, y lo mezcló con muchas agujas y alfileres. Sacudiendo todo esto con fuerza, llenó la parte superior de la cabeza del Espantapájaros con esa mezcla y completó el resto con paja para mantener lo primero en su sitio.

Una vez que hubo fijado nuevamente la cabeza del Espantapájaros sobre su cuerpo, le dijo: —En adelante serás un gran hombre, porque te he dado un montón de sesos nuevos de salvado.

El Espantapájaros quedó satisfecho y orgulloso al ver realizado su mayor deseo, y dándole las gracias efusivamente, volvió con sus amigos.

Dorothy le miró con curiosidad. Su cabeza destacaba bastante en la coronilla con el bulto de los sesos.

—¿Cómo te sientes? —preguntó la niña.

—Me siento sabio de veras —respondió con seriedad—. Cuando me acostumbre a mis sesos lo sabré todo.

—¿Por qué sobresalen esas agujas y alfileres en tu cabeza? —preguntó el Leñador de Hojalata.

—Es una prueba de su agudeza —observó el León.

—Bueno, debo ir donde está Oz a buscar mi corazón —dijo el Leñador. De manera que llegó hasta el Salón del Trono y llamó a la puerta.

—Entra —gritó Oz, y el Leñador entró y dijo:

—He venido por mi corazón.

—Muy bien —respondió el hombrecillo—. Pero tendré que hacer un agujero en tu pecho, para poder colocar tu corazón en su sitio. Espero que no sufras.

—Oh, no —aseguró el Leñador—. No lo sentiré en absoluto.

Oz trajo unas tijeras de hojalatero y recortó un pequeño agujero cuadrado en el costado izquierdo del Leñador de Hojalata. Luego, yendo hasta una cómoda, sacó un bonito corazón, hecho completamente de seda y relleno de serrín.

—¿Verdad que es una preciosidad? —preguntó.

—¡Sí que lo es! —contestó el Leñador, complacidísimo—. Pero ¿es un corazón bondadoso?

—¡Oh, mucho! —replicó Oz.

Colocó el corazón en el pecho del Leñador y luego volvió a poner el trozo cuadrado de hojalata allí donde había cortado, soldándolo perfectamente.

—Ya está —dijo—, ahora tienes un corazón del que cualquier hombre podría estar orgulloso. Lamento haber tenido que hacer un remiendo en tu pecho, pero era imposible evitarlo.

—No te preocupes por el remiendo —exclamó el feliz Leñador—. Te estoy muy agradecido, y nunca olvidaré tu bondad.

—No hay de qué —respondió Oz.

Entonces el Leñador de Hojalata volvió donde sus amigos, que lo felicitaron por su buena dicha.

Luego fue el León hasta el Salón del Trono y llamó a la puerta.

—Pasa —dijo Oz.

—He venido a buscar mi valentía —anunció el León, entrando en la sala.

—Muy bien —dijo el hombrecillo—. Ya te la traigo.

Fue hasta un aparador y estirándose hasta alcanzar una repisa muy alta, bajó una botella verde y cuadrada, cuyo contenido vertió en un plato verde de oro, delicadamente tallado. Colocándolo ante el León Cobarde, que lo olió como si no le gustara, el Mago dijo:

—Bebe.

—¿Qué es? —preguntó el León.

—Bueno —contestó Oz—, si estuviera dentro de ti, sería valentía. Tú ya sabes que la valentía está siempre dentro de uno, así que a esto no se le puede llamar valentía hasta que lo hayas tragado. Por tanto te aconsejo beberlo lo antes posible.

El León ya no vaciló más, bebió hasta vaciar el plato.

—¿Cómo te sientes ahora? —preguntó Oz.

—Colmado de valentía —replicó el León, que regresó muy contento a contar a sus amigos su buena suerte.

Al quedar solo, Oz sonrió pensando en el éxito que había tenido al dar al Espantapájaros, al Leñador de Hojalata y al León justamente lo que ellos pensaban que querían. « ¿Cómo puedo evitar ser un farsante —se dijo—, cuando toda esa gente me obliga a hacer cosas que cualquiera sabe que no se pueden hacer? Fue fácil dejar contentos al Espantapájaros, al León y al Leñador, porque ellos imaginaron que yo podía hacerlo. Pero se necesitará más imaginación para llevar a Dorothy a Kansas, y la verdad es que no sé cómo puedo hacerlo».

DE CÓMO ASCENDIÓ EL GLOBO

Durante tres días, Dorothy no supo nada de Oz. Fueron días tristes para la niña, aunque sus amigos estaban muy felices y contentos. El Espantapájaros les contó que había maravillosos pensamientos en su cabeza, pero no quiso decir cuáles eran porque sabía que nadie los podría entender, excepto él mismo. Cuando el Leñador de Hojalata se paseaba sentía el corazón palpitarle en el pecho, y dijo a Dorothy que había descubierto que era un corazón más bondadoso y más tierno que el que tenía cuando era de carne y hueso. El León expresó que no temía a nada en el mundo, y que se enfrentaría feliz a un ejército o a una docena de Kalidahs.

Así pues, todos los miembros del grupo estaban satisfechos, excepto Dorothy, que ansiaba más que nunca regresar a Kansas.

Al cuarto día, con gran alegría por su parte, Oz la mandó llamar, y cuando entró en el Salón del Trono, le dijo con voz afectuosa:

—Siéntate, querida. Creo que he encontrado la manera de sacarte de este país.

—¿Y regresar a Kansas? —preguntó Dorothy.

—Bueno, no estoy seguro si a Kansas —dijo Oz—, pues no tengo ni la más leve idea de la dirección en que está. Pero lo primero que hay que hacer es atravesar el desierto, y luego será fácil encontrar el camino de tu casa.

—¿Cómo puedo atravesar el desierto? —preguntó la niña.

—Bueno, te diré lo que creo —dijo el hombrecillo—. Verás, cuando llegué a este país lo hice en globo. Tú también viniste por el aire, traída por un ciclón. Así pues, creo que la mejor manera de atravesar el desierto es por el aire. Ahora bien, está muy por encima de mis poderes provocar un ciclón, pero he estado reflexionando sobre el asunto, y creo que puedo hacer un globo.

—¿Cómo? —preguntó Dorothy.

—Un globo —dijo Oz— está hecho de seda encolada para que no se escape el gas. Tengo mucha seda en el Palacio, así que no habrá problemas para hacer el globo. Pero en todo este país no hay gas para que el globo pueda flotar.

—Si no llega a flotar —observó Dorothy—, no nos servirá.

—Cierto —confirmó Oz—. Pero hay otra manera de hacerlo flotar, y consiste en llenarlo de aire caliente. El aire caliente no es tan bueno como el gas, porque si llegara a enfriarse el globo caería en el desierto, y estaríamos perdidos.

—¡Nosotros! —exclamó la niña—. ¿Te vendrás conmigo?

—Por supuesto —replicó Oz—. Estoy cansado de ser un farsante. Si se me ocurriese salir de este Palacio mi pueblo pronto descubriría que no soy un Mago, y entonces se enfurecerían conmigo por haberlos engañado. Por eso debo permanecer encerrado en estas habitaciones todo el día, y eso resulta aburrido. Preferiría regresar a Kansas contigo y volver a trabajar en un circo.

—Me alegrará que vengas —dijo Dorothy.

—Gracias —respondió Oz—. Ahora, si me ayudas a coser los trozos de seda, empezaremos a trabajar en nuestro globo.

Así pues, Dorothy tomó aguja e hilo, y tan pronto como Oz cortaba las tiras de seda de la forma apropiada, la niña las cosía con delicadeza. Primero había una franja de seda verde claro, luego una de verde oscuro y luego una de verde esmeralda, porque a Oz se le ocurrió hacer el globo de distintos tonos de ese color. Llevó tres días coser todas las tiras de seda, pero cuando estuvo terminado se vio una gran bolsa de seda verde de unos siete metros de longitud.

Luego Oz la encoló por dentro, para hacerla impermeable al aire, tras lo cual anunció que el globo estaba listo.

—Pero debemos tener una barquilla en la que viajar —dijo.

Así que envió al soldado de barba verde a buscar un gran cesto de ropa, que amarró con muchas cuerdas a la parte inferior del globo.

Cuando todo estuvo preparado, Oz hizo saber a su pueblo que iba a hacer una visita a un gran hermano Mago que vivía en las nubes. La noticia corrió rápidamente y todos acudieron a ver el maravilloso espectáculo.

Oz ordenó que pusieran el globo delante del Palacio, y la gente lo admiraba con mucha curiosidad. El Leñador de Hojalata había cortado un gran montón de leña, y la encendió, mientras Oz sujetaba el fondo del globo sobre la hoguera para que el aire caliente que ascendía del fuego quedara atrapado en la bolsa de seda. Lentamente, el globo se infló y se elevó en el aire, hasta que la barquilla apenas tocaba el suelo.

Entonces Oz se metió en la barquilla y dijo con fuerte voz a todo el pueblo:

—Ahora me voy a hacer una visita. Durante mi ausencia os gobernará el Espantapájaros. Os ordeno obedecerle como si fuese yo mismo.

En ese momento el globo tiraba con fuerza de la cuerda que lo sujetaba al suelo, pues el aire en su interior estaba caliente y hacía que su peso fuera menor que el aire de afuera.

—¡Ven, Dorothy! —gritó el Mago—. ¡Apresúrate, o el globo se irá volando!

—No puedo encontrar a Toto por ningún lado —respondió Dorothy, que no deseaba dejar a su perrito.

Toto corría entre la multitud ladrando a un gato, y por fin Dorothy lo encontró. Lo cogió y corrió al globo.

Estaba a pocos pasos, y tenía Oz las manos extendidas

para ayudarla a subir a la cesta, cuando ¡zas!, se cortaron las cuerdas y el globo se elevó sin ella.

—¡Regresa! —chilló—. ¡Yo también quiero ir!

—No puedo volver, querida —gritó Oz desde la cesta—, ¡adiós!

—¡Adiós! —gritaron todos mirando hacia donde el Mago se elevaba cada vez más y más en el cielo.

Y esa fue la última vez que vieron a Oz, el Maravilloso Mago, aunque quizá haya llegado a Omaha, y esté allí, quien sabe. Pero el pueblo lo recordaba con cariño, y se decían unos a otros:

—Oz fue siempre nuestro amigo. Cuando estuvo aquí construyó para nosotros esta maravillosa Ciudad Esmeralda, y ahora que se ha ido ha dejado al Sabio Espantapájaros para gobernarnos.

Aun así, durante muchos días lamentaron la pérdida del Maravilloso Mago, y estaban apesadumbrados.

EN MARCHA HACIA EL SUR

Dorothy lloró desconsoladamente al ver frustradas sus esperanzas de volver a Kansas, pero cuando reflexionó sobre todo el asunto, se alegró de no haber subido en globo. Y se apenó, igual que sus compañeros, de haber perdido a Oz.

El Leñador de Hojalata se le aproximó y dijo:

—Realmente sería un desagradecido si no llorara por el hombre que me dio mi hermoso corazón. Quisiera llorar un poco porque Oz se ha ido, si fueras tan amable de enjugar mis lágrimas para que no me oxide.

—Con mucho gusto —respondió Dorothy, y trajo una toalla.

Entonces el Leñador de Hojalata lloró durante varios minutos, y ella observó cuidadosamente las lágrimas, que enjugó con la toalla. Cuando hubo terminado, su amigo le dio las gracias efusivamente y se engrasó a fondo con su aceitera enjoyada, para evitarse problemas.

El Espantapájaros era ahora el gobernante de la Ciudad Esmeralda, y aunque no era un Mago, el pueblo estaba orgulloso de él. «Porque», decían, «no hay ninguna otra ciudad en todo el mundo que esté regida por un hombre de paja». Y, hasta donde sabían, tenían mucha razón.

A la mañana siguiente de la partida de Oz, los cuatro viajeros se reunieron en el Salón del Trono y hablaron de sus asuntos. El Espantapájaros se sentó en el gran trono y los demás se mantuvieron reverentemente de pie ante él.

—No somos tan desdichados —dijo el nuevo gobernante—, pues este Palacio y la Ciudad Esmeralda nos pertenecen, y podemos hacer lo que nos dé la gana. Cuando recuerdo que hasta hace poco yo estaba encaramado en un palo en el maizal de un granjero, y que ahora soy el gobernante de esta hermosa Ciudad, estoy muy orgulloso con mi suerte.

—Yo también estoy muy contento con mi nuevo corazón —dijo el Leñador de Hojalata—, y, realmente, era lo único que deseaba en el mundo.

—Por mi parte —dijo humildemente el León—, estoy contento de saber que soy tan valeroso, si no más que cualquier fiera que haya existido.

—Si Dorothy se contentara con vivir en la Ciudad Esmeralda —continuó el Espantapájaros—, podríamos vivir felices juntos.

—Pero yo no quiero vivir aquí —exclamó Dorothy—. Quiero ir a Kansas con tía Em y tío Henry.

—Bueno, ¿qué puede hacerse, entonces? —preguntó el Leñador.

El Espantapájaros decidió pensar, y pensó tan intensamente, que las agujas y alfileres comenzaron a asomar fuera de sus sesos. Finalmente dijo:

—¿Por qué no llamar a los Monos Alados, y pedirles que te lleven al otro lado del desierto?

—¡No lo había pensado! —dijo Dorothy, jubilosa—. Eso es justamente lo que hay que hacer. Iré al instante a buscar el Gorro de Oro.

Cuando lo hubo llevado a la Sala del Trono, dijo las palabras mágicas, y pronto la banda de Monos Alados entró volando por las ventanas abiertas y se detuvo ante ella.

—Esta es la segunda vez que nos has llamado —dijo el Rey Mono, inclinándose ante la niña—. ¿Qué deseas?

—Quiero que me lleves volando a Kansas —dijo Dorothy. Pero el Rey Mono meneó la cabeza.

—Eso no se puede hacer —dijo—. Pertenecemos únicamente a este país, y no podemos salir de aquí. Aún no ha habido ningún Mono Alado en Kansas, y supongo que jamás lo habrá, porque ese lugar no nos corresponde. Estaremos encantados de ayudarte de cualquier otra forma, pero no podemos cruzar el desierto. Adiós.

Y haciendo otra reverencia, el Rey Mono extendió sus alas y se fue volando por la ventana, seguido de toda su banda.

Dorothy estaba a punto de llorar de desesperación.

—He desperdiciado el encantamiento del Gorro de Oro para nada —dijo—, porque los Monos Alados no pueden ayudarme.

—¡Qué lástima! —dijo el Leñador, de corazón tierno.

El Espantapájaros estaba pensando nuevamente y se le hacía un chichón tan horrible en la cabeza, que Dorothy temió que pudiera reventar.

—Llamemos al soldado de la barba verde —dijo—, y le pediremos consejo.

Así pues, convocaron al soldado, el cual entró con timidez en la Sala del Trono, pues en vida de Oz jamás se le permitió pasar de la puerta.

—Esta muchachita —dijo el Espantapájaros al soldado— desea cruzar el desierto. ¿Cómo puede hacerlo?

—No sabría decirlo —respondió—, pues nadie ha cruzado jamás el desierto, como no haya sido el propio Oz.

—¿No hay nadie que pueda ayudarme? —preguntó seriamente Dorothy.

—Glinda, quizá —sugirió el soldado.

—¿Quién es Glinda? —preguntó el Espantapájaros.

—La Bruja del Sur. Es la más poderosa de todas las Brujas, y reina sobre los Quadlings. Además, su castillo se alza en el borde del desierto, así que tal vez conozca un camino para cruzarlo.

—Glinda es una buena Bruja, ¿verdad? —preguntó la niña.

—Los Quadlings opinan que es buena —dijo el soldado—, y es bondadosa con todos. He oído decir que Glinda es una hermosa mujer, que sabe cómo mantenerse joven a pesar de los muchos años que ha vivido.

—¿Cómo podemos llegar hasta su castillo? —preguntó Dorothy.

—El camino va justo hacia el Sur —contestó el soldado—, pero dicen que está lleno de peligros para los viajeros. En los bosques hay bestias feroces, y una raza de hombres extraños a los cuales no les gusta que los forasteros atraviesen su país. Por ese motivo no ha venido jamás ningún Quadling a la Ciudad Esmeralda.

Después de haberse ido el soldado, el Espantapájaros dijo:

—Parece, a pesar de los peligros, que lo mejor que puede hacer Dorothy es viajar a la Tierra del Sur y pedir a Glinda que la ayude, porque, si Dorothy se queda aquí, jamás regresará a Kansas.

—Seguro que has pensando nuevamente —observó el Leñador de Hojalata.

—En efecto —dijo el Espantapájaros.

—Yo iré con Dorothy —declaró el León—, estoy cansado de tu ciudad y añoro los bosques y el campo abierto. Soy una fiera salvaje, como sabéis. Además, Dorothy necesitará alguien que la proteja.

—Eso es verdad —afirmó el Leñador—. Mi hacha le puede ser de utilidad, así que también yo iré con ella a la Tierra del Sur.

—¿Cuándo partiremos? —preguntó el Espantapájaros.

—¿Vas a ir? —preguntaron sorprendidos los demás.

—Claro. Si no hubiese sido por Dorothy jamás habría tenido mis sesos. Ella me sacó del palo en el maizal y me trajo a la Ciudad Esmeralda. De manera que le debo toda mi buena dicha y nunca la abandonaré hasta que se vaya definitivamente a Kansas.

—Gracias —dijo Dorothy, emocionada—. Ciertamente sois todos muy buenos conmigo. Pero me agradaría marchar lo antes posible.

—Nos iremos mañana por la mañana —replicó el Espantapájaros—. Así que preparémoslo todo, pues será un largo viaje.

ATACADOS POR LOS ÁRBOLES LUCHADORES

A la mañana siguiente Dorothy dio un beso de despedida a la simpática muchachita verde, y todos le dieron un apretón de manos al soldado de las patillas verdes, que los había acompañado hasta la puerta. Cuando el Guardián de las Puertas los vio nuevamente, se sorprendió muchísimo de que quisieran abandonar la hermosa Ciudad para meterse en nuevos problemas. Pero les quitó las gafas, que volvió a poner en el gran baúl, y les deseó lo mejor para el viaje.

—Tú eres ahora nuestro gobernante —dijo al Espantapájaros—, de manera que debes regresar con nosotros lo antes posible.

—Así será, si puedo —replicó el Espantapájaros—, pero primero debo ayudar a Dorothy a llegar a su hogar.

Cuando llegó el momento de despedirse del bondadoso Guardián, Dorothy le dijo:

—Me han tratado de maravilla en tu hermosísima Ciudad, y todos han sido muy buenos conmigo. No podría decirte lo agradecida que estoy.

—Ni lo intentes, niña —respondió—. Nos agradaría que te quedaras con nosotros, pero si deseas regresar a Kansas, espero que encuentres el camino —abrió entonces la puerta de la muralla exterior y echaron a andar y así emprendieron su viaje.

El sol lucía en el cielo cuando nuestros amigos se encaminaron hacia la Tierra del Sur. Se encontraban todos del mejor humor, y reían y charlaban entre sí. Dorothy tenía una vez más esperanzas de llegar a casa, y el Espantapájaros y el Leñador de Hojalata se alegraron de serle útiles. En cuanto al León, husmeaba el aire con deleite, y movía su rabo de uno a otro lado contento de estar nuevamente en el campo, mientras Toto corría alrededor de ellos y perseguía polillas y mariposas, ladrando alegremente todo el tiempo.

—La vida ciudadana no me sienta bien —observó el León, mientras caminaba a buen paso—. He perdido mucho peso desde que vivo aquí, y ahora estoy anhelando una oportunidad de mostrarle a las demás fieras lo valeroso que soy.

En cierto momento se volvieron y echaron una última mirada a la Ciudad Esmeralda. Todo lo que vieron fue un montón de torres y campanarios detrás de las verdes murallas, y sobresaliendo por encima de todo, las torres y la cúpula del Palacio de Oz.

—Oz no era un Mago tan malo, después de todo —dijo el Leñador de Hojalata, al sentir su corazón latiendo dentro del pecho.

—Supo cómo darme sesos, y muy buenos, además —dijo el Espantapájaros.

—Si Oz hubiese tomado una dosis de la misma valentía que me dio —agregó el León—, habría sido un hombre valeroso.

Dorothy no dijo nada. Oz no había cumplido la promesa que le había hecho, pero había hecho lo posible, por eso le perdonaba. Tal como él mismo había dicho, era un buen hombre, aunque un mal Mago.

El primer día de caminata les llevó a través de los verdes campos y alegres flores que se extendían alrededor de la Ciudad Esmeralda. Durmieron esa noche sobre la

hierba, sin más techo que el de las estrellas, y descansaron muy bien.

Por la mañana siguieron viajando hasta llegar a un espeso bosque. No había manera de rodearlo, pues parecía prolongarse a derecha e izquierda hasta donde alcanzaba la vista y, además, no se atrevían a cambiar de dirección en su ruta por temor a perderse. De manera que buscaron un lugar por el cual fuese más fácil penetrar en el bosque.

El Espantapájaros, que llevaba la delantera, descubrió un gran árbol, de ramas tan largas que bajo ellas quedaba espacio para que pasara el grupo. Así que caminó hacia el árbol, pero cuando pasaba bajo las primeras ramas, estas se inclinaron y se enroscaron alrededor de él, y en un momento lo levantaron del suelo lanzándolo de cabeza entre sus compañeros de viaje.

Esto no le dolió al Espantapájaros, pero le sorprendió, y parecía bastante aturdido cuando Dorothy lo recogió.

—Aquí hay otro hueco entre los árboles —gritó el León.

—Dejadme probar a mí primero —dijo el Espantapájaros—, porque si me arrojan lejos, no me dolerá —caminó hacia otro árbol, mientras hablaba, pero sus ramas lo atraparon y volvieron a tirarlo hacia atrás.

—¡Qué raro es esto! —exclamó Dorothy—. ¿Qué haremos?

—Parece que los árboles han resuelto luchar contra nosotros y obstaculizar nuestro viaje —observó el León.

—Creo que yo lo intentaré —dijo el Leñador y echando su hacha al hombro avanzó hasta el primer árbol que había tratado tan violentamente al Espantapájaros. Cuando una gran rama se dobló hacia abajo para agarrarlo, el Leñador la golpeó con tal violencia que la cortó en dos. El árbol empezó a sacudir sus ramas como si le doliera, y el Leñador de Hojalata pasó debajo de él.

—¡Venid! —gritó a los demás—. ¡Rápido! —todos avanzaron corriendo y pasaron sin problema bajo el árbol, salvo Toto, que fue capturado por una ramita, sacudiéndolo hasta hacerlo aullar. Pero el Leñador cortó rápidamente la rama y dejó libre al perrillo.

Los otros árboles del bosque no hicieron nada para hacerlos retroceder, por lo tanto pensaron que solo la primera fila de árboles podía doblar las ramas y que esos eran probablemente los policías del bosque, a los que se había dado ese maravilloso poder para mantener alejados a los extranjeros.

Los cuatro viajeros caminaron tranquilamente a través de los árboles hasta llegar al otro extremo del bosque. Allí, con gran sorpresa, se toparon con un alto muro que parecía estar hecho de loza blanca. Era liso, como la superficie de un plato, y más elevado que sus cabezas.

—¿Qué haremos ahora? —preguntó Dorothy.

—Haré una escalera —dijo el Leñador de Hojalata— y pasaremos el muro.

EL DELICADO PAÍS DE PORCELANA

Mientras el Leñador estaba haciendo una escalera con la madera que encontraba en el bosque, Dorothy se tumbó y se durmió, cansada de la extensa caminata. El León también se acurrucó para dormir y Toto se echó a su lado.

El Espantapájaros miraba trabajar al Leñador, y le dijo:

—No puedo imaginar por qué está aquí este muro, ni de qué está hecho.

—Deja descansar tus sesos y no te preocupes por el muro —replicó el Leñador—. Cuando lo hayamos pasado sabremos qué hay al otro lado.

Poco tiempo después estuvo terminada la escalera. Resultaba tosca, pero el Leñador sabía que era resistente y que serviría para lo que la necesitaban. El Espantapájaros despertó a Dorothy, al León y a Toto, y los informó de que la escalera estaba lista. El Espantapájaros fue el primero en subir, pero era tan torpe que Dorothy tuvo que seguirlo de cerca y evitar que se cayera. Cuando su cabeza llegó al borde superior del muro, el Espantapájaros dijo:

—¡Caramba!

—Continúa —exclamó Dorothy.

El Espantapájaros siguió trepando y se sentó en el borde del muro, y Dorothy asomó la cabeza y exclamó:

—¡Caramba! —tal como lo había hecho el Espantapájaros.

Luego subió Toto, y rápidamente se puso a ladrar, pero Dorothy lo hizo silenciar.

El León fue el siguiente en subir por la escalera, y el Leñador de Hojalata fue el último, pero ambos gritaron: «¡Caramba!» tan pronto miraron por encima del muro. Cuando estaban todos sentados, miraron hacia abajo y vieron un extraño paisaje.

Ante ellos había una amplia extensión cuyo suelo era tan liso y reluciente y blanco como el fondo de una gran

fuente. Esparcidas por aquí y por allá había muchas casas hechas de porcelana y pintadas con los colores más brillantes. Eran bastante pequeñas, la más grande llegaría solo hasta la cintura de Dorothy. Había también bonitos y pequeños graneros, con cercas de loza a su alrededor, y había muchas vacas, ovejas, caballos, cerdos y gallinas, todos de porcelana, formando grupos.

Pero lo más raro de todo era la gente que vivía en ese extraño país. Había lecheras y pastoras, con corpiños de vivos colores y lunares dorados salpicando sus vestidos, y princesas con los más lujosos ropajes de oro y púrpura, y pastores vestidos con calzones cortos a franjas verticales y rosadas, amarillas y azules, y hebillas de plata en los zapatos, y príncipes con coronas enjoyadas en la cabeza, llevando capas de armiño y chalecos de satén, y divertidos payasos con trajes de volantes fruncidos, con redondos y rojizos manchones en las mejillas, y altos sombreros puntiagudos. Y lo más raro de todo, toda esta gente era de porcelana, incluso hasta su ropa, y eran tan pequeños que el más grande no le llegaba ni a la rodilla a Dorothy.

Ninguno de ellos miró siquiera a los viajeros al comienzo, excepto un perrillo de porcelana de cabeza grandísima, que se aproximó al muro y les ladró con una débil vocecita, huyendo luego a la carrera.

—¿Cómo descenderemos? —preguntó Dorothy.

Encontraron que la escalera era demasiado pesada para subirla, así que el Espantapájaros se dejó caer del muro y los demás saltaron sobre él, para que al caer no se hicieran daño en los pies. Por supuesto se cuidaron de no aterrizar sobre su cabeza, pues se habrían pinchado los pies con los alfileres. Cuando todos estuvieron a salvo en el suelo, recogieron al Espantapájaros, cuyo cuerpo estaba muy aplastado, y dieron nuevamente forma a su paja.

—Tenemos que atravesar este extraño lugar para llegar al otro lado —dijo Dorothy—, porque no sería sensato que siguiésemos cualquier dirección que no fuera el Sur.

Empezaron a caminar a través del país de la gente de porcelana, y lo primero que encontraron fue a una lechera de porcelana ordeñando una vaca de porcelana. Cuando se acercaban, la vaca dio súbitamente una coz y derribó el taburete, el cubo e incluso a la lechera, todo lo cual cayó sobre el piso de porcelana con gran estrépito.

A Dorothy le impresionó que la vaca se hubiese quebrado la pata, y que el balde estuviera roto en varios pedazos, mientras que la pobre lechera tenía un desconchón en el codo izquierdo.

—¡Eh! —dijo rabiosa la lechera—. ¡Mirad lo que habéis hecho! Mi vaca se ha roto una pata, y tendré que llevarla al taller de reparación y hacer que se la peguen de nuevo. ¿Qué pretendéis viniendo aquí y asustando a mi vaca?

—Lo siento mucho —respondió Dorothy—, te ruego que nos perdones.

Pero la buena moza estaba demasiado enfurecida para contestar. Recogió de mala gana la pata y se llevó su vaca, que renqueaba sobre las otras tres. Conforme se alejaba, la lechera arrojó por encima del hombro miradas de reproche a los torpes forasteros, manteniendo su codo desconchado pegado al costado.

Dorothy lamentó mucho este incidente.

—Debemos ser muy cuidadosos aquí —dijo el bondadoso Leñador—, pues si no podríamos herir a esta hermosa gentecilla y jamás se repondrían.

Un poco más allá Dorothy se topó con una bellísima y joven Princesa, que se detuvo paralizada al ver a los extranjeros, y luego echó a correr.

Dorothy corrió tras la Princesa para verla con más detenimiento, pero la muchacha de porcelana gritó:

—¡No me persigas! ¡No me persigas!

Su vocecita tenía tal tono de miedo que Dorothy se detuvo y dijo:

—¿Por qué?

—Porque —respondió la Princesa, deteniéndose también, a distancia segura— si corro puedo caerme y romperme.

—¿Pero no podrían reponerte? —preguntó la niña.

—Oh, sí, pero nunca se queda igual de bonita después de la reparación, ¿sabes? —replicó la Princesa.

—Ya me lo imagino —dijo Dorothy.

—Mira, allí está don Comodín, uno de nuestros payasos —continuó la damita de porcelana—, que siempre está tratando de ponerse cabeza abajo. Se ha roto con tanta frecuencia que está restaurado en cien partes, y no ha quedado nada bonito. Ahora viene para acá, y podrás juzgar por ti misma.

Efectivamente, un alegre y pequeño payaso venía caminando hacia ellos y Dorothy pudo advertir que a pesar de su elegante vestimenta roja, amarilla y verde, estaba completamente rajado de arriba abajo y mostrando claramente que había sido pegado en muchas partes.

El Payaso se puso las manos en los bolsillos, y después de inflar las mejillas y meneando descaradamente la cabeza dijo:

Hermosa dama
que no ama
al pobre y viejo Comodín,
eres tan tiesa
tú, princesa,

tararán, tararín,
¿has comido
palo de baraja
o aserrán, aserrín?

—¡Silencio, caballero! —dijo la Princesa—. ¿No veis que estos son extranjeros y deberían ser tratados con respeto?

—Bien, eso es respeto, expectoro, digo espero —dijo el Payaso y se puso al instante cabeza abajo.

—No le presten atención a don Comodín —dijo la Princesa a Dorothy—, tiene la cabeza muy rota y eso le ha vuelto tonto.

—Oh, me importa para nada —dijo Dorothy—. Pero tú eres tan hermosa —continuó—, que estoy segura de que podría quererte muchísimo. ¿No me dejarías llevarte a Kansas y ponerte en el estante de tía Em? Podrías ir en mi cesta.

—Eso me haría muy desgraciada —contestó la Princesa de porcelana—. Verás, aquí en mi país vivimos contentos, y podemos hablar y movernos como nos agrada. Pero cada vez que a cualquiera de nosotros se lo llevan, nuestras articulaciones se ponen rígidas al instante, y solo podemos estar inmóviles y hacer de adorno. Naturalmente que eso es todo lo que se espera de nosotros cuando estamos en estanterías y vitrinas y mesas de salón, pero nuestras vidas son mucho más interesantes aquí en nuestro propio país.

—¡Yo no te haría desgraciada por nada del mundo! —exclamó Dorothy—. Así que te diré adiós.

—Adiós —respondió la Princesa.

Caminaron con cuidado a través del país de porcelana. Los animalitos y toda la gente huían de prisa y corriendo a su paso, temiendo que los extranjeros les quebraran, y al cabo de una hora, o algo así, los viajeros llegaron al otro lado del país y tropezaron con otra muralla de porcelana.

Esta no era tan alta como la anterior y subiéndose al lomo del León lograron pasarla. Luego el León encogiendo sus patas saltó sobre la muralla, pero al hacerlo volcó una iglesia de porcelana con el rabo y la hizo mil pedazos.

—Ha sido una verdadera lástima —dijo Dorothy—, aunque, por otra parte, fue una suerte que no hiciéramos más daño a esta gentecita que la rotura de la pata de una vaca, y lo de la iglesia. ¡Son todos tan frágiles!

—¡Y vaya si lo son! —agregó el Espantapájaros—. Estoy encantado de ser de paja y de no poder romperme así. Hay en el mundo cosas peores que ser un Espantapájaros.

EL LEÓN SE CONVIERTE EN REY DE LOS ANIMALES

Después de bajar por la muralla de porcelana los viajeros se encontraron en una desagradable comarca, llena de marismas y pantanos, y cubierta de una hierba alta y espesa. Era difícil caminar sin caer en hoyos cenagosos, porque la hierba crecía tan apretada que los ocultaba. Sin embargo, mirando cuidadosamente dónde pisaban, avanzaron sin problema hasta llegar a tierra firme. Pero aquí la región parecía más agreste que nunca, y después de una larga y fatigosa caminata a través de la maleza, entraron en otro bosque, en donde los árboles eran más grandes y más viejos que los que habían visto hasta entonces.

—Este bosque es definitivamente delicioso —expresó el León, mirando contento a su alrededor—. Nunca he visto un lugar más hermoso.

—Resulta sombrío —dijo el Espantapájaros.

—Nada de eso —respondió el León—. Me gustaría vivir siempre aquí. Mira qué suaves son las hojas secas bajo tus pies y qué espeso y verde es el musgo que se adhiere a estos viejos árboles. Ninguna fiera salvaje podría desear un hogar más placentero.

—Quizá haya fieras salvajes en el bosque ahora —dijo Dorothy.

—Supongo que sí —replicó el León—, pero no veo ninguna.

Caminaron a través del bosque hasta que se hizo demasiado oscuro para proseguir. Dorothy, Toto y el León se echaron a dormir, mientras el Leñador y el Espantapájaros montaban guardia como de costumbre.

Cuando amaneció retomaron la marcha. No habían llegado muy lejos cuando escucharon un rumor ahogado, como el gruñir de muchos animales salvajes. Toto gimió un poco, pero ninguno de los demás se asustó y continuaron a lo largo del transitado sendero hasta llegar a un claro del bosque, en el que estaban reunidas centenares de fieras de todas las especies. Había tigres, elefantes, osos, zorros, lobos y todo lo que figura en las zoologías, y por un momento Dorothy sintió miedo. Pero el León explicó que los

animales estaban celebrando una reunión, y juzgó por sus gruñidos y refunfuños que tenían graves problemas.

Mientras estaba hablando varias fieras le vieron y de repente la gran asamblea enmudeció como por arte de magia. El tigre más grande se aproximó al León y se inclinó, diciendo:

—¡Bienvenido, oh Rey de los Animales! Habéis llegado oportunamente para combatir contra nuestro enemigo y traer nuevamente la paz a todos los animales del bosque.

—¿Cuál es vuestro problema? —preguntó el León con aplomo.

—Estamos todos amenazados —contestó el tigre— por un feroz enemigo que ha llegado últimamente a esta selva. Es un monstruo horrendo, semejante a una gran araña, con un cuerpo grande como un elefante y ocho patas largas como troncos de árboles. Cuando el monstruo repta por el bosque agarra a un animal con una pata y lo arrastra hasta su boca, comiéndoselo igual que hace una araña con una mosca. Ninguno de nosotros estará a salvo mientras esta feroz criatura esté viva, y habíamos convocado una reunión para decidir cómo defendernos, cuando apareciste ante nosotros.

El León meditó un momento.

—¿Hay algún otro León en el bosque? —preguntó.

—No. Había algunos, pero el monstruo se los ha comido a todos. Y, además, ninguno era tan grande y valiente como tú.

—Si acabo con vuestro enemigo, ¿os postraréis ante mí y me obedeceréis como Rey de la Selva? —preguntó el León.

—Lo haremos con gusto —replicó el tigre, y todas las fieras rugieron a un tiempo:

—¡Lo haremos!

—Bien. ¿Dónde se encuentra ahora esa gran araña de que habláis? —preguntó el León.

—Más allá, entre las encinas —dijo el tigre señalando con una de sus patas delanteras.

—Cuidad bien de estos amigos míos —dijo el León— e iré a pelear con el monstruo.

Se despidió de sus camaradas y partió con presunción a luchar contra el enemigo.

La gran araña estaba dormida cuando la encontró el León, y era tan fea que su atacante hizo un gesto de asco. Sus patas eran ciertamente tan largas como había dicho el tigre, y su cuerpo estaba cubierto de un hirsuto pelo negro. Tenía una bocaza con una fila de agudos dientes largos como cuchillos, pero la cabeza estaba unida al cuerpo gordinflón por un cuello tan delgado como el talle de una avispa. Esto le dio al León una idea de cómo atacar mejor a la criatura, y siendo más fácil combatir con ella dormida que despierta, dio un gran salto y cayó directamente sobre el lomo del monstruo. Luego, con un golpe de su pesada pata, armada de afiladas garras, arrancó la cabeza de la araña separándola del cuerpo. Bajando de otro brinco, la observó hasta que las largas patas dejaron de moverse, con lo cual supo que estaba muerta.

El León regresó al calvero en donde las fieras del bosque estaban aguardándolo y dijo orgullosamente:

—Ya no tenéis que temer a vuestro enemigo.

Entonces todos los animales reverenciaron al León como su Rey, y él prometió volver y gobernarlos tan pronto como Dorothy estuviese sana y salva camino de Kansas.

EL PAÍS DE LOS QUADLINGS

Los cuatro viajeros atravesaron el resto de la selva sin percances, y cuando se encontraban lejos de su oscuridad vieron ante sí una escarpada montaña, cubierta de arriba abajo de rocas.

—Será una subida difícil —dijo el Espantapájaros—, pero aun así debemos franquear ese cerro.

Tomó la delantera y los demás le siguieron. Habían casi llegado a la primera roca cuando oyeron gritar con voz áspera:

—¡Retroceded!

—¿Quién eres? —preguntó el Espantapájaros.

Entonces se asomó una cabeza sobre la roca, y la misma voz dijo:

—Este cerro nos pertenece, y no permitimos que nadie lo pase.

—Pero nosotros tenemos que atravesarlo —dijo el Espantapájaros—. Vamos al país de los Quadlings.

—¡Pues no lo haréis! —replicó la voz, y de detrás de la roca apareció el hombre más extraño que jamás habían visto los viajeros.

Era bastante bajo y ancho, y tenía una gran cabeza, plana en la coronilla, y sostenida por un grueso cuello lleno de arrugas. Pero no tenía brazos de ningún tipo y, al ver esto, el Espantapájaros no temió que un ser tan indefenso pudiese impedirles ascender la montaña. De manera que dijo:

—Lamento no acceder a tus deseos, pero debemos pasar tu montaña, te guste o no —y caminó hacia adelante con determinación.

Rápida como el rayo, la cabeza del hombre salió disparada, y su cuello se estiró hasta que la coronilla de su cabeza, allí donde era plana, golpeó al Espantapájaros y le mandó dando muchos tumbos al pie del cerro. La cabeza volvió al cuerpo casi tan rápidamente como había ido, y el hombre soltó una desagradable carcajada al tiempo que decía:

—¡No es tan fácil como crees!

Desde las otras rocas se escuchó un coro de atroces risotadas y Dorothy vio centenares de mancos Cabezas de Martillo sobre la ladera, uno detrás de cada roca.

El León se enfureció por la risa que provocó la desgracia del Espantapájaros, y dando un gran rugido que sonó como un trueno se abalanzó cerro arriba.

Nuevamente salió una cabeza velozmente disparada, y el gran León cayó rodando cerro abajo como si lo hubiese golpeado una bala de cañón.

Dorothy corrió a ayudar al Espantapájaros a ponerse de pie y el León se le aproximó, bastante aporreado y dolorido, y dijo:

—Es inútil luchar con gente que dispara la cabeza. Nadie puede hacerles frente.

—¿Qué podemos hacer entonces? —preguntó la niña.

—Llama a los Monos Alados —sugirió el Leñador de Hojalata—. Aún tienes derecho a mandarlos una vez más.

—Muy bien —respondió Dorothy, y poniéndose el Gorro de Oro pronunció las palabras mágicas. Los Monos fueron tan puntuales como siempre, y en unos instantes estaba ante ella toda la banda.

—¿Qué ordenas? —preguntó el Rey de los Monos, haciendo una profunda reverencia.

—Llévanos por encima de la montaña, al país de los Quadlings —mandó la niña.

—Así se hará —dijo el Rey, y al instante los Monos Alados tomaron en brazos a los cuatro viajeros y a Toto y se fueron volando con ellos. Cuando pasaron sobre la montaña los Cabezas de Martillo chillaban de indignación, y lanzaron sus cabezas muy alto hacia ellos, pero no pudieron alcanzar a los Monos Alados, quienes llevaron a Dorothy y sus compañeros sin problemas sobre el cerro y los pusieron en el hermoso país de los Quadlings.

—Esta es la última vez que podías convocarnos —dijo el Rey Mono a Dorothy—, así que adiós, y buena suerte.

—Adiós y muchas gracias —respondió la niña. Y los Monos alzaron el vuelo y desaparecieron en un abrir y cerrar de ojos.

El país de los Quadlings parecía próspero y feliz. Estaba lleno de campos de cereales maduros separados por veredas bien pavimentadas, y bonitos arroyos murmuradores cruzados por macizos puentes. Las vallas, las casas y los puentes estaban pintados de rojo vivo, tal como estaban pintados de amarillo entre los Winkies y de azul en el país de los Munchkins. Los Quadlings, que eran bajitos, gordos y de buen humor, vestían completamente de rojo, que se resaltaba vivamente sobre el verde césped y las amarillas espigas.

Los Monos los habían dejado cerca de una casa de campo, y los cuatro viajeros se dirigieron hasta ella y llamaron a la puerta. Abrió la mujer del granjero, y cuando Dorothy pidió algo de comer, la mujer les dio a todos un buen almuerzo, con tres clases de tarta y cuatro clases de galletas, y un tazón de leche para Toto.

—¿Qué distancia hay al Castillo de Glinda? —preguntó la niña.

—No está muy lejos —respondió la esposa del granjero—. Seguid el camino del Sur, y pronto llegaréis allí.

Dando las gracias a la buena mujer, prosiguieron el viaje y caminaron entre los campos y sobre los preciosos puentes hasta que vieron un hermosísimo castillo. Delante de las puertas había tres muchachas, vestidas con elegantes uniformes rojos bordados con trencilla de oro, y al aproximarse Dorothy, una de ellas le dijo:

—¿Por qué habéis venido a la Tierra del Sur?

—Para ver a la Buena Bruja que reina aquí —respondió—. ¿Quieres llevarme ante ella?

—Decidme vuestros nombres, y preguntaré a Glinda si os quiere recibir. Dijeron quiénes eran, y la muchacha soldado entró en el castillo. A los pocos momentos volvió a decir que Dorothy y sus amigos podían pasar inmediatamente.

GLINDA CONCEDE SU DESEO A DOROTHY

Pero antes de llevarlos ante Glinda, los condujeron a una habitación del Castillo, en donde Dorothy se lavó la cara y se peinó, y el León sacudió el polvo de su melena y el Espantapájaros se dio unos golpecitos hasta quedar en forma, y el Leñador pulió su hojalata y engrasó sus articulaciones.

Cuando estuvieron todos suficientemente presentables, siguieron a la muchacha soldado a una gran sala en donde la Bruja Glinda estaba sentada en un trono de rubíes.

Aparecía hermosa y joven a los ojos de los viajeros. Sus cabellos eran de color rojo intenso y caían en bucles abundantes sobre sus hombros. Su vestido era inmaculadamente blanco, pero sus ojos eran azules y miraron tiernamente a la niñita.

—¿Qué puedo hacer por ti, mi niña? —preguntó.

Dorothy contó a la Bruja toda su historia: cómo el ciclón la había llevado a la Tierra de Oz, cómo había encontrado a sus compañeros, y las maravillosas aventuras que habían tenido.

—Ahora, mi mayor deseo es regresar a Kansas —dijo—, pues tía Em pensará que algo terrible me ha sucedido, y eso la hará vestirse de luto, y a menos que las cosechas sean mejores este año de lo que estuvieron el año pasado, tío Henry no puede darse ese lujo.

Glinda se inclinó y besó la dulce carita que la cariñosa niña levantaba hacia ella.

—Bendita seas —dijo—. Creo poder decirte una manera de regresar a Kansas. —Luego agregó—: Pero, si lo hago, deberás entregarme el Gorro de Oro.

—¡Encantada! —exclamó Dorothy—. De hecho, ya no me sirve, y cuando lo tengas podrás mandar tres veces a los Monos Alados.

—Y creo que necesitaré sus servicios precisamente esas tres veces —respondió Glinda sonriendo.

Dorothy le entregó entonces el Gorro de Oro, y la Bruja dijo al Espantapájaros:

—¿Qué tienes pensado hacer cuando Dorothy nos haya dejado?

—Regresaré a la Ciudad Esmeralda —replicó—, pues Oz me nombró su gobernante y el pueblo me quiere. Lo único que me preocupa es atravesar el cerro de los Cabezas de Martillo.

—Mediante el Gorro de Oro ordenaré a los Monos Alados que te lleven a las puertas de la Ciudad Esmeralda —dijo Glinda—, porque sería una vergüenza privar al pueblo de un gobernante tan maravilloso.

—¿Soy realmente maravilloso? —preguntó el Espantapájaros.

—Eres asombroso —respondió Glinda, y volviéndose al Leñador de Hojalata, le preguntó—: ¿Qué pasará contigo cuando Dorothy ya no se encuentre es este país?

Él se apoyó en su hacha y pensó por un momento. Luego respondió:

—Los Winkies fueron muy amables conmigo, y querían que los gobernase al morir la Malvada Bruja. Les tengo cariño y si pudiera regresar otra vez al país del Oeste, no habría nada que me gustase más que gobernarlos para siempre.

—Mi segunda orden a los Monos Alados —dijo Glinda— será que te lleven sin daño a la tierra de los Winkies. Tus sesos quizá no se vean tan grandes como los del Espantapájaros, pero en verdad eres más brillante que él

(cuando estás bien pulido) y estoy segura de que gobernarás bien y sabiamente a los Winkies.

Luego la Bruja miró al León, grande y desmelenado, y preguntó:

—Cuando Dorothy haya regresado a su casa, ¿qué pasará contigo?

—Más allá de la montaña de los Cabezas de Martillo —respondió— se extiende una amplia y antigua selva, y las fieras que en ella habitan me han hecho su Rey. Si pudiese volver a esa selva, pasaría muy feliz la vida allí.

—Mi tercera orden a los Monos Alados —dijo Glinda— será que te lleven a tu selva. Y entonces, habiendo agotado los poderes del Gorro de Oro, se lo daré al Rey de los Monos, para que él y su banda puedan ser libres en lo sucesivo para siempre jamás.

El Espantapájaros, el Leñador de Hojalata y el León agradecieron emocionados a la Buena Bruja su bondad y Dorothy exclamó:

—¡Definitivamente eres tan buena como hermosa! Pero aún no me has dicho cómo volver a Kansas.

—Tus Zapatos de Plata te llevarán sobre el desierto —replicó Glinda—. Si hubieses conocido su poder podrías haber regresado junto a tía Em el mismísimo día en que llegaste a esta región.

—¡Pero entonces yo no tendría mis prodigiosos sesos! —exclamó el Espantapájaros—. Seguiría aún en el maizal del granjero.

—Y yo no habría obtenido un precioso corazón —dijo el Leñador de Hojalata—. Podría haberme quedado rígido y oxidado en el bosque hasta el fin del mundo.

—Y yo habría vivido como un cobarde siempre —expresó el León—, y ninguna fiera en la selva se hubiera dirigido a mí jamás con respeto.

—Todo eso es verdad —dijo Dorothy—, y me alegro de haber sido útil a estos buenos amigos. Pero ahora que todos han realizado sus sueños y están felices de tener además un reino que gobernar, me gustaría volver a Kansas.

—Los Zapatos de Plata —aseguró la Buena Bruja— tienen extraordinarios poderes. Y una de las cosas más curiosas es que te pueden llevar a cualquier parte del mundo en tres pasos, y cada paso se dará en un abrir y cerrar de ojos. Todo lo que tienes que hacer es entrechocar los talones tres veces, y ordenar a los zapatos que te lleven a donde desees ir.

—Si es así —dijo la niña con júbilo—, les pediré que me lleven enseguida a Kansas.

Echó los brazos al cuello del León y le besó, acariciándole tiernamente la gran melena. Luego besó al Leñador de Hojalata, que estaba llorando de una manera peligrosísima para sus articulaciones. Pero en vez de besar la cara pintada del Espantapájaros, estrechó su cuerpo blando y relleno y se dio cuenta de que ella misma estaba lloriqueando en esta triste separación.

Glinda la Buena bajó de su trono de rubí para dar un beso de despedida a la muchachita y Dorothy le agradeció todas las gentilezas que había tenido con sus amigos y con ella misma.

Dorothy tomó entonces solemnemente a Toto en brazos y, despidiéndose con un último adiós, golpeó entre sí sus talones tres veces, diciendo:

—¡Llevadme a casa, donde tía Em!

Al instante estaba girando por el aire, con tal rapidez que todo lo que podía ver o sentir era el viento zumbando en sus oídos.

Los Zapatos de Plata dieron tan solo tres pasos, y luego se detuvo tan violentamente que rodó sobre la hierba varias veces antes de percatarse dónde estaba.

Por fin, se sentó y miró a su alrededor.

—¡Caramba! —exclamó.

Estaba sentada en la amplia pradera de Kansas, y exactamente ante ella estaba la nueva casa de campo que el tío

Henry construyó después de que el ciclón arrastrase la antigua. Tío Henry estaba ordeñando las vacas en el granero, y Toto se había escapado de sus brazos e iba corriendo hacia el granero, ladrando rabiosamente.

Dorothy se puso de pie y descubrió que pisaba sobre sus medias. Pues los Zapatos de Plata se habían caído en su vuelo por el aire, y se perdieron para siempre en el desierto.

OTRA VEZ EN CASA

Tía Em salía de la casa para regar las coles, cuando al levantar la mirada vio a Dorothy corriendo en dirección a ella.

—¡Mi niña preciosa! —gritó, estrechando a la muchachita entre sus brazos y cubriendo su cara de besos—. ¿De qué parte del mundo vienes?

—De la Tierra de Oz —dijo gravemente Dorothy—. Y aquí está Toto, también. Y… ¡ah, tía Em! ¡Qué felicidad estar otra vez en casa!

Índice

Estudio preliminar

El maravilloso Mago de Oz